붓다의
무릎에
앉아

붓다의
무릎에
앉아
THE RESIDENCE OF MINDFULNESS
by Sayadaw U Jotika

붓다의
무릎에
앉아

우 조티카 사야도 지음 | 최순용 옮김 | 법주 스님 감수

한언

우 조티카 사야도가 머물렀던 태백산 연방죽선원 숲속 수행처 담마로카

기억해야 하는 공식이 아니라,
생각할 거리를 드리는 것입니다.

어떤 것도 믿지 마십시오.
믿게 하기 위해 말하는 것이 아닙니다.

인생이 끝나는 마지막 날, "내가 내 인생을 허비하지 않았구나!"라고 느낄 수 있게, 그렇게 하루하루를 살아가시기를 빕니다

우리가 매일 밥을 먹고, 씻고, 옷을 세탁하며, 휴식을 취하고, 잠을 자듯이 마음도 영양과 휴식이 필요합니다. 마음은 마음의 대상들과 접촉하면서 지치고 오염되어 있기 때문에 깨끗이 해주고 쉬도록 도와줘야 합니다.

손으로 더러운 것을 만졌다면 무엇을합니까? 빠른 시간 내에 손을 씻어야 합니다. 우리 마음은 분노와 탐욕, 자만, 욕망, 질투와 같은 탁한 감정들에 의해서 더럽혀집니다.
마음을 사띠한다면 마음을 깨끗이 씻어내는 것과 같습니다.
사띠하지 않는다면 탁한 감정들이 마음에 남게 되고 무의식에 깊이 배

어 있게 됩니다. 번뇌들이 무의식이나 잠재의식에 뿌리내리면, 씻어버리기가 어려워집니다. 무의식에 있는 감정의 찌꺼기들은 의식하기 힘들고 보기도 어렵기 때문에 씻어내기가 어렵다는 것은 쉽게 이해할 수 있을 것입니다.

우리가 할 수 있는 최선의 방법은 분노, 탐욕, 자만, 질투 같은 탁한 감정이 일어날 때마다 그런 마음을 즉시 사띠하고 알아차리는 것입니다. 감정들을 사띠한다면 탁한 감정들이 무의식이나 잠재의식으로 스며들지 않게 될 것입니다.

그러나 이런 감정들을 알아차리더라도 지워버리거나 씻어버리기 어려울 때가 있습니다. 처음에는 사띠(Sati)와 사마디(Samādhi)와 빤냐(지혜, Pañña)가 약하기 때문입니다. 하지만 계속 수행하면, 그것을 진정으로 바라볼 수 있는 힘을 얻게 됩니다.

수행을 통해 이런 요소들이 개발되어지면 마음에서 일어나는 상황들을 볼 수 있고 그런 감정과 느낌과 번뇌들을 볼 수 있게 됩니다. 그때, 마음 안에서 일어나는 것들을 진정으로 이해할 수 있고 번뇌를 극복할 수 있게 됩니다.

모든 일들이 원하는 대로 일어나지 않기에 좌절하게 되고 좌절로 인해 에너지는 소모됩니다. 그러면 에너지가 부족하다는 것을 느끼게 되고, 항상 지치고 피곤하며 슬픔을 느낍니다.

결국 이러한 것들은 인생을 낭비하는 일입니다.

인생을 살아가는 최선의 방법은 수행을 통해 탁한 감정들을 씻어버리는 것입니다. 그럴 때만이 정말 하고 싶은 일에 마음을 집중할 수 있고 에너지를 쏟을 수 있습니다.

매일 수행을 한다면, 일상에서 겪는 작은 경험들도 스승이 되고 교훈이 될 것입니다.

붓다는 이렇게 말했습니다.

> "금을 세공하는 사람은 나무망치를 사용하는데, 오랜 세월 그 나무망치를 쓰다 보면 나무 손잡이가 손의 모양대로 눌리게 된다. 마찬가지로 하루 동안에 자신이 얼마나 변하고 발전하였는지 말할 수는 없지만, 오랜 시간 후에 돌아보면 자신 안에 변화가 생긴 것을 알 수 있다."

그렇듯이 수행자가 매일 꾸준히 사띠, 마음챙김을 해도, 그 순간에는 지혜로워지고 맑아졌는지 알 수 없습니다. 하지만 오랜 시간이 지난 후 돌아보면, 변화된 자신을 발견할 수 있을 것입니다.

매일매일 수행하는 것을 목숨이 다할 때까지, 꾸준히 지켜나가야 합니다. 수행이 습관이 될 때까지 꾸준히 수행해야 합니다.

"습관은 제2의 본성이다."라는 말이 있습니다.

수행을 꾸준히 하게 된다면, 수행은 습관이 되고 우리의 본성이 될 것입니다.

배움의 과정을 그래프로 그린다면 사선형의 계단모양이 된다고 합니다. 처음에는 배움에 진전이 있다가 어느 지점에 이르면 진전이 없는 듯 생각되는 기간이 있습니다. 그러나 포기하지 않고 계속 노력해간다면 진전이 있고 그러다 또 다시 평행선을 그리는 과정을 반복하게 됩니다.

만약 도중에 배우는 것을 멈춘다면 더 이상 발전도 없게 됩니다. 그렇듯이 수행도 계속해나가는 것이 중요합니다. 꾸준히 노력하는 자는 반드시 성공합니다.

좋은 담마 책을 항상 곁에 두십시오. 그리고 시간이 날 때 한두 줄이라도 읽을 수 있도록, 습관을 들이십시오.
몸에 영양을 보충하기 위해 먹고 마시는 것처럼 매일매일 담마에 관한 글을 읽으십시오. 그것은 마음에 영양을 보충해주는 것과 같습니다.

담마 수행(사띠빠따나 수행)을 하는 사람들을 벗으로 두십시오.
나는 친구들에게서 많은 것을 배웠습니다. 수행 중에 겪는 경험과 담마에 대해서친구들은 내가 몰랐던 부분을 알려주고 교훈을 주었습니다.
귀중한 보석을 지니는 것처럼 어디를 가든 좋은 도반과 함께 하십시오.
빨리어 '라타나(Ratana)'에 대해 아시는지요. 그것은 '보석이나 아름다운 돌'이라는 뜻입니다. 우리는 붓다와 담마, 상가(Buddha, Dhamma,

Sangha)를 보석으로 여깁니다. 삼보는 매우 귀중하고, 우리를 행복하게 합니다. 행복하게 하고, 즐겁게 하는 것이 '라타나'의 진정한 의미입니다.

사람들은 보석들이 아름답고 가치가 있다는 이유로 보석을 모으지만 보석들은 우리를 불행하게 만들기도 합니다.

붓다, 담마, 상가, 불법승 삼보는 우리를 불행하게 하지 않습니다. 삼보가 보배 '라타나'입니다.

좋은 친구도 역시 '라타나'입니다. 좋은 친구, 도반을 빨리어로 '깔리야나밋따(Kalyanamitta)'라고 합니다. '깔리야나(Kalyana)'는 '좋은'이라는 의미이고, '밋따(Mitta)'는 친구를 뜻합니다.

좋은 친구는 담마를 수행하는 사람입니다. 그는 담마를 실천할 수 있도록 격려하고 도와줍니다.

좋은 친구를 두십시오. 그리고 자신에게 좋은 친구가 되도록 노력해
야 합니다. 좋은 친구가 되는 것과 좋은 친구들을 두는 것은 큰 행복
입니다.

인생이 끝나는 마지막 날, "내가 인생을 허비하지 않았구나!"라고 느낄
수 있게, 그렇게 하루하루를 살아가시기 빕니다.

우 조티카 사야도

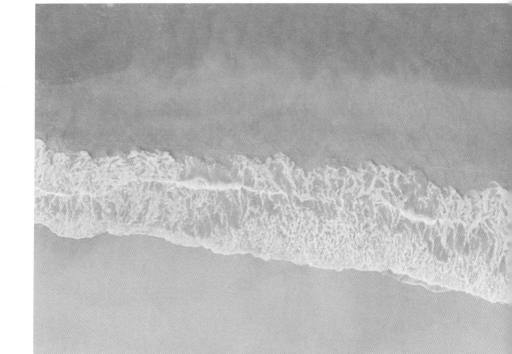

바른 것만 말하십시오. 마음속에 있는 그대로 쓰십시오.
부끄러워할 필요 없습니다. 자유에 대해 여러 관점에서 숙고하십시오.
글을 읽고 글 속에 담긴 의미를 파악하도록 하십시오.
기억해야 하는 공식이 아니라, 생각할 거리를 드리는 것입니다.

어떤 것도 믿지 마십시오. 믿게 하기 위해 말하는 것이 아닙니다.
자유라는 낱말 속에는 아주 많은 뜻이 담겨 있습니다. 그것을 완전하게
표현하는 것은 쉽지 않습니다.
지금 이 글 또한 완전하다고는 생각하지 않습니다.

자유는 인간의 삶에서 가장 가치 있고 귀중한 것입니다.
하지만 말과 글로 표현하기 가장 어려운 것이기도 합니다. 자유로운 마
음을 느꼈을 때 그 마음에 대해 설명하라고 한다면, 말하고는 싶지만
실제로 그것을 표현하는 것은 참 어렵습니다. 지금 나는 자유를 설명하
기 위해 최선을 다해 말로 표현하고 있습니다. 자유에 대해 말하기 어
려운 것처럼 읽는 것도 쉽지 않을 거라고 생각합니다.

나는 어려서부터 '자유'라는 말을 매우 좋아하였습니다.

자유로운 사람에 대한 이야기를 찾아 읽었고, 자유롭기 위해서는 어떻게 살아야 하는지 늘 그 방법을 찾았습니다.

할 수 있는 한 자유로운 마음으로 살고 싶었습니다.

이 책을 읽는 분들이, 내 말에 그냥 맹목적으로 따르는 것이 아니라, 자신의 지혜로 자기를 바로 알기 위해 최선을 다하기를 바랍니다.

그리하여 이 책을 읽은 모든 사람들이 자유인이 되어 자유로운 삶을 살 수 있기를 빕니다. 이 책을 읽고 마음이 괴로운 분도 있고

마음이 불편해질 수도 있을 것입니다.

하지만 노래는 잘 자라고 부르는 자장가만 있는 게 아닙니다.

깨우는 노래도 불러야 합니다.

날이 밝았습니다!

일어나십시오!

일러두기

* '**사띠**sati'는 자신의 몸과 마음에 주의를 기울여 몸과 마음에서 일어나는 현상들을 알아차리는 것을 의미합니다.

* '**담마**dhamma'는 붓다의 가르침입니다. 담마는 진리, 본성, 실재 등의 여러 가지 의미가 함축되어 있습니다.

* **사띠와 담마**는 붓다 생존 시에 고대 인도에서 사용된 말, 빨리어입니다. 한국에서는 사띠를 '알아차림' '마음챙김' '깨어 있음' 등으로, 담마는 불교, 불법, 부처의 가르침으로 번역되고 있습니다. 이 책에서는 사띠와 담마를 빨리어 그대로 사용했습니다.

* 우 조티카 사야도와 사띠 수행에 대해 더 깊이 알고 싶으신 분은 연방죽선원 BUDDHA'S NEWS으로 문의해주시기 바랍니다.

  홈페이지 http://lotuspond.compuz.com
  카페 http://cafe.daum.net/lotuspond
  전화 010-3214-1255

고난과 불행으로 가득 찬

인생을 살지라도

행복하고 평화로울 수 있는 사람만이

진정으로 성공한 사람이니,

부디

모든 사람들이

행복하고 평화로운 인생을 살 수 있기를…

우 조티카 사야도

1
사띠 안에 머물기

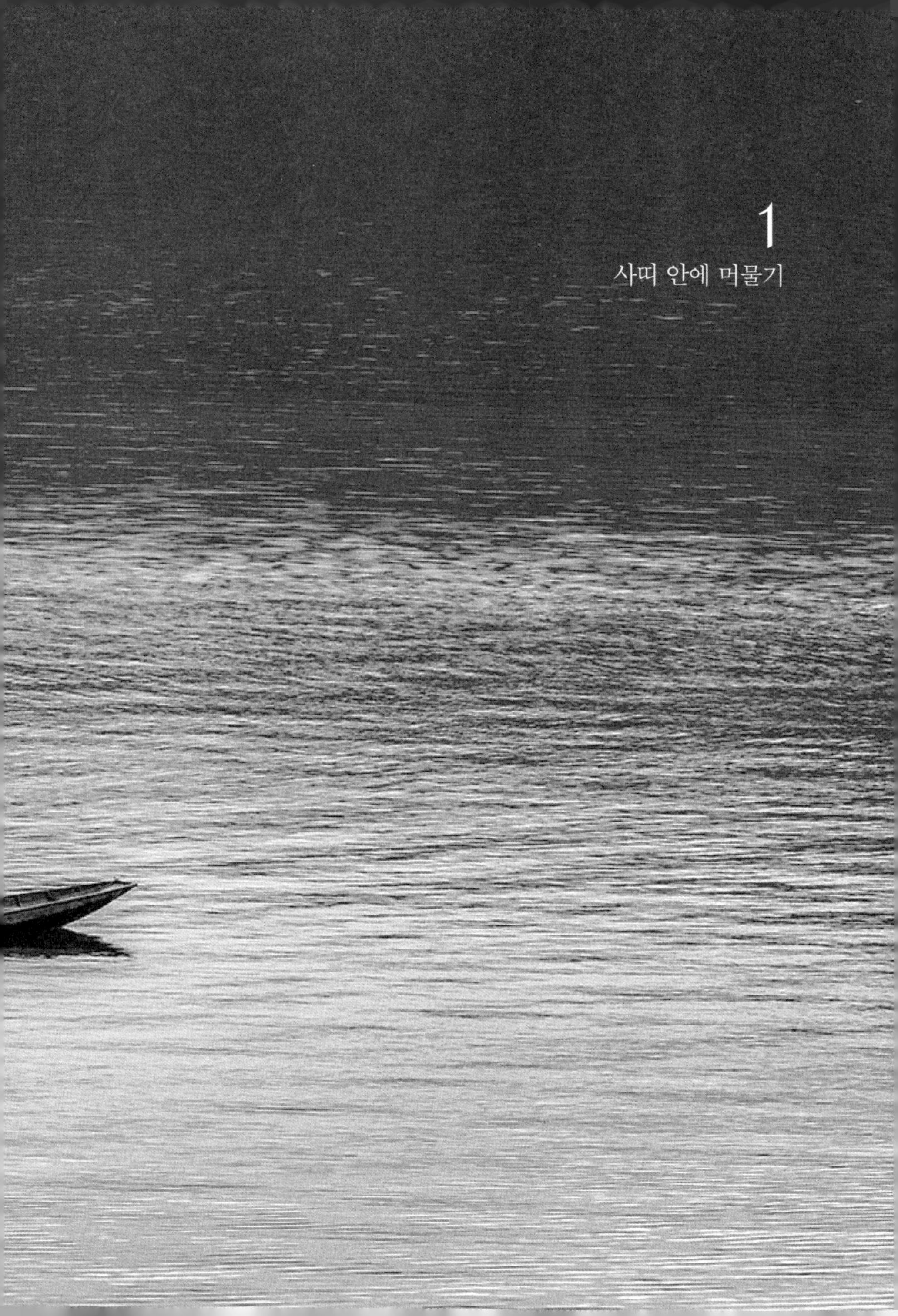

길은 보여주는 것으로 충분합니다
길을 걷는 것은 전적으로 당신에게 달려 있습니다

나는 사람들에게 말(言)로 된 선물을 주고 싶습니다. 물질적인 선물의
가치는 측정할 수 있지만 말의 가치는 헤아릴 수 없습니다. 만일 당신
이 누군가에게 눈에 보이는 선물을 준다면 그것은 어느 순간 쓸모를 다
하고 맙니다. 그러나 말의 선물은 일생을 통하여 큰 도움이 됩니다.

내가 한 말에 대하여 상대방이 숙고하면 할수록 그는 더욱 성공적인 인
생을 살게 될 것입니다. 또 그 말을 실제적으로 실천하면 할수록 인생
에서 더욱 많은 성취를 거두어들일 것입니다.

나는 책을 읽고 숙고하며 통찰한 다음 실제로 적용하는 과정을 통하여
넓고 깊은 이해를 이루었습니다. 나는 책을 읽는 중에 한두 개의 귀중
한 문구를 발견하게 되면 매우 흡족하였습니다. 그 귀중한 문구를 말한
사람이 나이든 자이건 어린 자이건 나는 그것들을 항상 마음에 새기고

있습니다.

정말로 이 귀중한 말들은 값비싼 루비 알과 같습니다. 이 말들을 사용함으로써 나 역시 모두에게 지혜의 선물을 주고 싶습니다.

내가 지금 하고자 하는 법문은 아름다운 담마시(Dhamma poem)에 기초한 것입니다. 책을 읽을 때마다 나는 합리적인 사고와 담마의 자연법칙에 따라 귀중한 문구들을 선택합니다. 책에 언급된 내용들을 읽으면서 나의 지식에 비추어 여러 번 숙고하고 평가한 후, 그것들을 실제 생활에 적용합니다. 나는 내 제자들에게도 그렇게 할 것을 권합니다.

길은 보여주는 것으로 충분합니다. 실제로 그 길을 걷는 것은 전적으로 당신에게 달려 있습니다.

이 담마시의 문구는 짧고 소박하지만 그 의미는 매우 넓고 깊습니다.
붓다가 설한 빨리어 경구인 담마시들의 의미는 한없이 넓고 깊습니다.
다음 문구를 봅시다.

Appåmado amatam padam, Pamådo maccuno padam.

(아빠마도 아마탐 빠담 빠마도 마꾸노 빠담)

이 빨리어 시에 사용된 문구는 간단하고 제한된 것이지만 그 의미는 넓
고 무한합니다. 이 시의 의미는 다음과 같습니다. "사띠(Sati)는 불사

(不死)의 원인이고, 망각(부주의)은 죽음(반복되는 윤회)의 원인이다."
나는 수년간 이 문구들을 해석하고 그 의미를 이해하기 위해 노력하여
왔습니다.

Appamattā na miyanti, Ye pamattā yathā matā.
(아빠마따 냐 미얀띠 예 빠마따 야따 마따)

이 시는 "잊지 않는 자는 죽지 않지만, 잊는 자는 죽은 자와 같다"는 의
미입니다. 당신이 사띠하면서 생활하게 될 때, 망각 속에 사는 것은 진
정 사는 것이 아니었음을 알 수 있습니다.
사띠 속에서 사는 것은 생생하고 활기찹니다. 당신은 이것을 체험할 수

있습니다. 당신이 더욱 사띠할수록 이 의미의 깊이를 더욱 잘 알게 됩니다. 담마(Dhamma)를 알기 위해서는 단순한 앎(Sutamaya)이나 숙고(Cintånaya)만으로는 충분하지 않습니다.

내가 이 두 단계에 머물렀을 때 나는 담마에 대해서 많은 것을 알고 있다고 생각했습니다. 그러나 내가 명상의 깊은 부분에 도달하였을 때 나는 비로소 알거나 생각하는 것과 실제로 행동하는 것(Bhåvanåmaya)사이에 얼마나 큰 차이가 있는지 알게 되었습니다.

책을 통해서는 정신(Nåma)과 물질(Rupa)의 실제적인 의미를 파악할 수 없습니다. 당신이 명상에 들어 강력한 사띠와 집중이 이루어질 때 정신과 물질의 본질에 대한 깨달음(Nåma rupa Pariccheda nåna)에 이

릅니다. 그리고 사띠와 집중이 더욱 깊어지고 강해졌을 때 정신과 물질의 인과에 대한 깨달음(Paccayapariggaha nåna)에 이릅니다. 이 단계는 보다 미묘하고 깊습니다. 그리고 그때 비로소 무상(無想, Anicca) · 고(苦, Dukkha) · 무아(無我, Anatta)의 삼법인(三法印)에 대한 완전한 깨달음(Sammasana nåna)을 얻게 됩니다.

이 순간 깊이 숙고하는 것과 분별하는 것은 함께 존재합니다. 통찰의 지혜가 더욱 더 깊어지면 숙고하는 것은 사라지고, 자연현상의 일어남과 사라짐에 대한 직접적인 앎만이 존재하게 됩니다. 이 단계에서 당신은 무상의 의미를 일상의 언어로 표현한다는 것이 불가능함을 깨닫게 됩니다. 누구나 "모든 것은 무상하다. 일어남 뒤에 즉시 사라짐이 온다"고 말합니다. 그러나 이 말은 단순한 추측에 불과하다. 현실의 궁극적인 본질은 일상적인 언어 너머에 있기 때문입니다.

명상 중에 양손을 맞대면 맞닿은 곳에서 따뜻함, 부드러움, 움직임을 느끼고 그 성질을 알아차릴 수 있습니다. 이것은 말로 설명할 수 없고, 오직 손을 맞댐으로써 알 수 있습니다. 양손을 맞댈 때 거기에는 '손'도 '나'도 없습니다. 그 어떤 형태의 물질도 없고 오로지 따뜻함, 부드러움, 움직임의 성질만이 있을 뿐입니다.

이것을 아는 것은 매우 어렵습니다. 왜냐하면 그것은 언어 너머에 존재하기 때문입니다. 가장 단순하고 기본적인 현상도 말로 표현할 수 없습니다. 그래도 설명하기 원한다면, 당신은 여러 가지 단어를 다양하게 사용해야 할 것입니다. 당신은 명확한 의미를 전달하기 위하여 보기를

들거나 은유적인 단어들을 사용해야 합니다. 마찬가지로 이를 듣는 사람들은 완전히 이해하기 위하여 그 단어들을 해독해야 합니다.

아래 시의 지은이는 은유적 방법으로 자신이 표현하고자 하는 바를 말하고 있습니다. 이 시에서 가능한 한 많은 것을 알아내고 그가 표현하고자 하는 바를 모아보십시오. 나름대로 자세하게 해석하겠지만 그것으로 그의 의도를 온전하게 파악하지는 못합니다. 나는 전지전능한 신이 아니기 때문입니다. 당신은 나의 설명에 기초하여 이를 스스로 이해해야 합니다.

나에게는 집이 없다.
나는 사떼를 나의 집으로 삼는다.

이 시는 세속적인 진리(Sammuti saccā)에서 벗어나지 못한 평범한 '인간'이 설한 것입니다. 인간은 부모 없이 태어날 수 없습니다. 물론 이것은 비유적인 표현입니다. 자신에게 정말 부모가 없다는 의미가 아닙니다. '하늘과 땅'이라는 시구는 '순수한 자연'을 뜻합니다. 그는 자연을 자신의 부모로 표현한 것입니다. 미얀마 격언 중에 "업(Kamma)이 나의 아버지, 업이 나의 어머니"라는 것이 있습니다. 붓다는 "중생들은 그들이 행한 행위의 상속인이고, 자신의 행위를 나르는 사람들이며, 그들의 행위는 그들을 낳은 자궁이다."라고 했습니다(Magghimanikāya). 이 말은 매우 심오하고 의미가 깊은데, 이것에 대해 깊이 사유한다면 우리는 진실을 발견할 수 있습니다.

삼사라(Samsāric), 윤회의 굴레 안에는 수많은 존재가 있습니다. 우리는 윤회하면서 수많은 부모를 만났습니다. 분명 지금 우리를 낳은 부모들은 깊은 감사를 받아야 합니다. 윤회적(Samsāric) 삶에서 우리의 부모 된 자들 또한 큰 감사를 받아야 합니다. 우리는 우리의 영원한 부모가 누구인지 말할 수 있습니까? 말할 수 없습니다. 윤회적 삶을 통하여 부모는 바뀝니다. 전생의 부모는 현생의 자식이 되기도 합니다.

양곤(Yangon)에 살던 남자가 죽어서 그 아들의 아들로 환생하였습니다. 전생의 아들이 후생에서 아버지가 된 것입니다. 한번 생각해보세요. 윤회의 굴레가 얼마나 놀라운지!

우리가 이러한 사실을 안다면 서로에 대한 태도가 달라질 것입니다. 붓다는 "윤회의 굴레는 끝이 없어 윤회적 삶에서 서로 친척이 아니었던 사람은 아무도 없다"고 말했습니다. 만일 윤회적 삶을 이해하게 되면 사람들의 관계는 지금보다 부드러워져 서로 존중하고 용서하며, 마음이 풍성해질 것입니다. 그리고 항상 다른 사람의 필요를 충족시키려는 경향을 갖게 됩니다. 그렇지 않다면 사람들은 이기적으로 변하며 높고 낮은 계급, 빈부간의 격차로 인한 갈등이 커질 것입니다.

내가 아는 사람 중에는 전생에 여자였다가 난산 중에 사망한 사람이 있는데, 그는 현생에서 남자로 환생하였습니다. 전생의 어머니가 자식의 아들로 환생한 것입니다. 소년이 성인이 되었을 때 그의 태도는 전생의 어머니와 똑같았습니다. 소년은 전생에 기부하였던 사원들을 알아보았습니다. 그의 전생의 어머니의 사진을 보고 그는 사진 속의 여자가 자신이라고 말했습니다.

얼마나 흥미롭습니까? 얼마나 놀랍고 경이롭습니까? 그렇기 때문에 사람들을 윤회적 삶의 관점에서 대해야 합니다.
현생의 부모에게 몸을 받지만, 부모는 자신의 업(Kamma)에 따라 정해집니다. 전생에서 이미 현재 부모 사이에 업의 연결고리가 존재하고 있는 것입니다.
카르마, 업은 전생에서부터 쌓아온 도덕적, 비도덕적인 모든 행위들입니다. 그것은 조종하거나 이겨낼 수 있는 어떤 것이 아닙니다. 그것은 몸으로, 입으로, 정신으로 행해진 것입니다.

우리가 어떤 것을 행동으로 옮길 때 건전하거나 불건전한 의도(Cetanā)가 정신적인 작용과 함께 마음에서 일어납니다. 붓다는 "Cetanāham bhikkhawe kammam vadāmi(제따남 비카웨 카맘)."라고 말했습니다. '의지의 작용 또는 의도된 행위가 업이다'는 뜻입니다.

우리는 자신의 업에 의해 조종됩니다. 건전하든 불건전하든, 정신적 행위가 일어나면 육체적 행위가 그 뒤를 따릅니다. 정신적 행위가 사라지더라도 또 다른 정신적 행위가 연이어 일어납니다. 물론 보통 사람들이 이것을 이해하기는 어렵습니다. 붓다는 "Kammavipāko accinteyo(깜마위빠꼬 아신떼요)."라고 하였습니다. "업과 그 결과는 단순한 생각만으로 이해할 수 없다"는 뜻입니다. 그것은 우리의 상식 너머에서 작용하고 있기 때문입니다. 단순한 사유가 아닌 보다 높은 차원의 앎으로만이 그것을 이해할 수 있습니다.

선한 업이든 악한 업이든 자연적인 업의 법칙을 따릅니다. 그것은 인위적인 규정이나 제약 혹은 명령이 아닙니다. 이러한 사실을 깨닫는 것은 매우 중요합니다. 깨닫고 보면 건전한 행위로 규정된 것이 건전하지 않고, 불건전한 행위로 규정된 것이 오히려 건전할 수 있습니다.

당신이 '고추가 달다'고 규정하더라도 고추는 맵습니다. 그것은 본래 맵기 때문에 매운 것입니다. 건전한 행위는 건전한 마음의 결과입니다. 건전한 마음은 맑고 순수하기 때문에 행복한 결과를 낳습니다. 우리는 의미 있고 가치 있는 행동을 했을 때 행복과 평화를 느낍니다. 불건전한 행위는 비천한 마음의 결과입니다. 마음은 열등하고 천박하기 때문에 불행한 결과를 낳습니다.

사띠하면서 몸과 마음을 관찰하는 것은 좋은 업을 생산하고 있는 것입니다. 자신의 마음에 냉혹함, 무자비함과 심술궂음이 있을 때, 당신은 불건전한 업을 생산하고 있는 것입니다. 당신은 다른 사람에게 묻지 않고도 자신이 어떤 업을 생성하고 있는지 알 수 있습니다.

사람들은 다음과 같이 묻습니다.

> "스님은 항상 '자신을 알라'고 합니다. 그런데 어떻게 우리가 자신
> 을 앎으로써 가치 있는 좋은 행위들을 할 수 있습니까?"

물론 이것은 쉽지 않은 일입니다. 지금 이 순간에 사띠할 때 거기에는 '생각'이 존재하지 않습니다. 사띠를 통해 '통찰'이 강력해졌을 때 거기에는 강력한 욕구가 존재하지 않습니다. 당신의 통찰이 완벽해졌을 때 욕구는 완전히 소멸됩니다. 분노, 자만, 질투, 탐욕, 들뜸, 후회, 나태, 무감각, 의심도 사라집니다.

이것을 생각해보십시오. 정신적 번뇌가 모두 사라진 마음이 얼마나 위대하고 아름다울지…. 수년간 깊은 선정을 경험한 사람들은 이것이 얼마나 위대하고 아름다운지를 알고 있습니다. 지금 이 순간 진정으로 사

띠하면서 알아차릴 때 당신의 마음은 강력하고 활기차며 맑고 건전해집니다.

정신적 번뇌가 사라지고 당신의 마음이 집중되어 깨어 있다면 당신은 붓다가 무엇인지 어렴풋이 깨닫게 될 것입니다. 책을 읽는 것으로는 붓다에 대해 바르게 알기는어렵습니다. 당신이 정신적 번뇌의 굴레에서 벗어날 때 비로소 붓다를 조금이라도 알 수 있습니다. 그때 당신은 진심으로 붓다의 위대함에 대해 마음에서 우러나오는 존경을 표하게 될 것입니다. 당신이 정신적 번뇌에서 벗어나 있을 때에야 청정한 정신 상태에서 살아가는 것이 얼마나 고귀하고 위대한지 알 수 있습니다. 청정한 정신상태로 살아가는 것은 칭찬받을 만한 위대한 일입니다.
우리가 아직은 붓다에 대해 온전히 알 수 없어도, 이러한 사실을 경험한다면 자연스럽게 붓다를 존경의 대상으로 경배하게 됩니다. 나는 붓다가 얼마나 청정하고 고귀한 정신상태에 있었는지 알 수 있습니다.

재생의식, 즉 '수태시의 의식'(Patisamadhi citta)은 과거의 업의 지배를 받습니다. 업은 자연적입니다. 그것은 인위적으로 조정되는 것이 아닙니다. 두 가지 물질(정자와 난자)이 하나로 결합되어 자라게 됩니다. 이

때 영양은 물질이 성장하는 데 결정적인 역할을 하는데, 이것은 자연적인 현상입니다. 그리고 자궁 안에서 덥지도 춥지도 않은 적당한 온도가 필요하지요.

업, 의식, 온도와 영양이라는 원인들은 누구에 의하여 조종되거나 통제될 수 없는 자연적인 현상들입니다. 자신이 조종할 수 없고 부모에 의해 창조되지 않습니다. 그것은 다양하고 상이한 원인들과 연관되어 있습니다.

그러므로 "나에게는 부모가 없다. 나는 하늘과 땅을 나의 부모로 삼는다"는 시구의 의미는 매우 깊습니다.

> " 나에게는 집이 없다.
> 나는 사띠를 나의 집으로 삼는다. "

사람은 누구나 지붕과 기둥, 바닥이 있는 집에서 삽니다. 좋건 나쁘건 인간에게는 집이 필요합니다. 그러나 이 시인은 육체를 위한 통상적인 집이 아닌, 정신을 위한 집을 말하고 있습니다. 시인은 "사띠를 자신의 집으로 삼는다"고 말합니다. 사띠를 깊게 경험한 사람들은 이 문구의 심오함과 사띠의 가치에 대해 알고 있습니다.

집이 없는 자는 어떻게 사나요? 여기저기 닥치는 대로 살아갑니다. 그는 방랑자입니다. 그런 삶은 비참하고 비천합니다.

사띠와 함께하지 않는 마음도 이와 같습니다. 사띠를 지니지 않는 마음은 탐욕, 분노, 어리석음으로 가득 차 있습니다. 당신이 사띠하면서 사띠 속에서 살아간다면, 당신은 안전하고 자비로우며 겸손하고 평안해집니다.

사띠는 마음을 위한 집입니다. 사띠가 없는 사람은 집이 없는 사람과 같습니다. 그는 방황합니다. 잠에서 깨어나 잠들 때까지 사띠와 함께 머물러 있어야만 합니다.

잠에서 깨어나자마자 들숨과 날숨을 사띠하고 알아차리십시오. 숨을 깊게 들이마시면 몸은 산소로 가득 차고 뇌는 맑아집니다. 사띠하면서 호흡하면 마음 또한 맑아지고 평화로워집니다. 잠시 그렇게 한 후 침상에 앉아 명상을 하십시오. 그러고 나서 얼굴을 씻으십시오.

아침에 잠에서 깨어나는 즉시 해야 하는 일은 '자신의 마음'을 사띠하는 것입니다. 그렇게 하면서 평화롭고 건전한 마음상태가 되도록 해야 합니다. 하루를 건전한 마음으로 시작하는 것은 아름답고 의미 있는 일입니다. 아침에 일어나서 얼굴을 씻는 것보다 중요한 일은 당신의 '마음'을 사띠하는 것입니다.

그런 후에 침대에서 발을 천천히 내려놓으면서 발이 바닥에 닿을 때 닿는 촉감을 알아차리십시오. 세면장에 가기 위하여 걷고, 얼굴을 씻고, 양치질을 하고, 돌아오는 모든 동작을 사띠하여 알아차려야 합니다. 무엇을 하든 알아차리면서 하십시오. '간다, 닿는다, 온다'라고 이름 붙일 필요는 없습니다. 매 순간 일어나는 대상을 직접 아는 것이 중요합니다. 사띠, 즉 알아차림과 집중이 깊어지고 성숙해지더라도 '들숨과 날숨'을 알아차리는 '사띠'라는 기본적인 실행을 중단해선 안 됩니다. 당신은 붓다에게 경의를 표하고, 살아 있는 모든 존재들에게 자비(Metta)를 펼치고, 자주 명상에 들며 하루하루를 준비해야 합니다.

당신이 무슨 일을 하든 매 순간순간을 사띠하십시오. 잠시 잊을지도 모릅니다. 그렇다 하더라고 실망하지 마십시오. 잠깐 동안이라도 사띠하는 것은 매우 효과적이고 유익합니다. 하루 전체가 깨어 있는 마음으로 가득 채워지면 사마디, 집중은 점점 더 강력해집니다. 당신은 명상 중 집중의 순간에 빠르게(5분 이내) 도달할 수 있게 됩니다.

직장에 출근하기 위해 자동차 문을 열고, 운전석에 앉고, 문을 닫고, 열쇠를 꽂고, 시동을 걸고, 모든 동작을 사띠하십시오. 그런 후 시동이 걸린 것을 확인하고 차를 운전합니다. 가능한 한 이 모든 동작들을 사띠하면서 알아차리십시오. 그것은 어렵지 않습니다. 반복하여 시도하십시오. 그리고 운전하는 동안 당신이 접촉하는 모든 것들을 사띠하면서 알아차리십시오. 인내심을 가지고 계속하십시오. 빨간 신호등에서는 몸 전체를 사띠하면서 몸과 마음을 이완시키십시오.

현대인들은 너무 바쁘고 항상 걱정과 혼란에 사로잡혀 있습니다. 그들은 평화롭고 고요하지 못하고 다양한 스트레스로 억압받고 있습니다. 이는 매우 위험하기 때문에 수행을 하면서 몸과 마음을 이완시키고 긴장을 풀어야 합니다. 긴장은 몸의 에너지를 소진시킵니다. 사띠하면서 일을 하도록 노력하십시오. 단 5초의 짧은 알아차림도 많은 이로움을 줄 것입니다. 하지만 사람들은 이것을 매우 가볍게 여겨 무시합니다. 그러나 그렇지 않습니다. 반복하여 시도하십시오. 당신이 오랫동안 실행한다면 이 말을 이해할 수 있을 것입니다.

종종 예기치 않은 일과 상황이 벌어져 분노가 일기도 할 것입니다. 그러나 사띠한다면 분노를 알아차려 통제할 수 있습니다. 그러면 분노를 터뜨리는 단계까지는 이르지 않습니다.

분노의 첫 번째 단계는 밖으로 표출되지 않습니다. 이 단계에서는 어느 정도 자신이 조절할 수 있습니다. 그러나 원하지 않는 대상과 계속 마주치면, 두 번째 단계에서 그것이 강해지면서 이전 상태보다 커집니다. 급기야 마지막 단계에서는 사소한 것에도 자신을 통제할 수 없어 분노가 터져 나옵니다. 당신이 원하지 않는 대상과 계속 마주칠수록 분노는 점점 강해집니다.

분노가 일어날 때는 분노와 분노에 반응하는 마음을 사띠하십시오. 그러면 분노는 점차 사라질 것입니다.

분노를 사띠하면 분노는 힘을 발휘하지 못하고 약화됩니다. 분노의 본성을 아는 사람은 분노의 대상을 만나더라도 분노를 터뜨리지 않습니다. 그는 평화롭습니다. 그의 행위로 인해 다른 사람이 불행해지는 일도 없습니다. 그는 주의깊은 사띠와 지혜로 모든 일을 슬기롭게 하면서 최고의 능력을 발휘합니다.

사띠와 함께하면서 항상 깨어 있음에 머무는 사람이 '사띠의 집에 사는 사람'입니다.

우리는 태어나서 늙고 죽습니다. 이것은 물질적인 관점에서 죽음을 본 것입니다. 그러나 시인은 육체적인 삶의 죽음이 아니라 정신적인 삶의 죽음을 말하고 있습니다. 그는 호흡 관찰수행(아나빠나사띠, Anapanasati)을 하고 있기 때문에 비유적으로 '숨의 조수(潮水)'라고 표현한 것입니다. 들숨은 밀물과 같고, 날숨은 썰물과 같습니다. 숨이 들고 나는 순간에 당신은 삶과 죽음이 반복되고 있다는 사실을 발견할 수 있습니다.

붓다가 비구들에게 '죽음'에 관한 명상을 지도하면서 물었습니다.

"비구들이여! 죽음에 대해 명상하고 있는가?"

"그렇습니다. 스승이시여!"

붓다는 다시 물었습니다.

"그대들은 어떻게 죽음에 대해 명상하는가?"

한 비구가 대답했습니다.

"스승이시여! 저는 이와 같이 명상합니다. '단 하루만 살았으면 좋겠다. 하루 동안 담마와 함께 살 것이다.'"

다른 비구가 답했습니다.

"스승이시여! 저는 이와 같이 명상합니다. '보시 받은 음식을 먹을
동안만 살았으면 좋겠다.'"

이 비구는 음식을 먹는 시간 동안은 죽음을 예상하지 않는 것입니다.

마지막 비구는 이렇게 말했습니다.

"스승이시여! 저는 이와 같이 수행합니다. '숨 한 번 들이킬 동안만
살고 있다. 이 순간에 나는 담마와 함께 할 것이다.'"

그는 숨 한 번 들이킬 순간 다음에 살아 있음을 장담하지 못한다는 것
입니다. 그 비구는 죽음이 매우 가까이 있음을 알고 있는 것입니다.

미얀마 속담에 "죽음은 매우 가까워서 주먹 쥔 손을 펴거나 펼친 손을
쥐기 전에 일어난다"는 말이 있습니다. 이것을 알고 사는 사람은 인생
을 낭비하지 않습니다.

나는 세 번 정도 죽을 고비를 넘겼습니다. 그중에 한 번은 누구나 내가
확실히 죽었다고 생각했습니다. 나 역시 그때 틀림없이 죽을 것이라고
생각했습니다. 그 순간에 내가 할 수 있는 유일한 것은 사띠하는 것이
었고 나는 더욱 사띠하기 위해 노력했습니다. 나는 지금도 그때 사띠와

함께했기 때문에 나를 죽음에서 구했다고 확신합니다.

정신과 육체는 함께 작용합니다. 정신적인 기능이 물질인 육체를 따라갈 수 없을 정도로 견디기 힘들어지면, 정신은 육체가 어떤 일을 못하도록 제어합니다.

죽음에 임박했을 때 나는 지난 일들을 떠올리고 그것들을 명확히 바라보며 사띠하였습니다. 살아오면서 나는 사소한 것들로 싸움과 불화를 겪고 미움과 비난에 짓눌리곤 했습니다. 명성과 이익을 얻기 위하여 인생의 값진 시간을 낭비했다는 사실을 깨달았습니다. 다른 사람들로부터 비난 받을 일들을 했었습니다. 지난 내 인생의 목표는 오직 좀더 낳은 의식주를 얻기 위함이었습니다. 물론 의식주는 삶에 반드시 필요한 조건이지만 이것들이 진정 인생의 가장 중요한 요소일까요?

죽음에 임박했을 때 나는 '다른 사람들을 위하여 살아왔다'고 생각했습니다. 하지만 사람들은 이기적인 본성 때문에 자신을 위하여 살아간다고 생각합니다. 그러나 사실 그들은 자신을 위해서 사는 것이 아니라 다른 사람을 위해 살고 있습니다. 다른 사람들에게 좋은 평가를 받기 위하여 삽니다. 그들은 다른 사람들을 통하여 자신의 만족을 얻기 위하여 사는 것입니다.

누구나 사띠와 함께하면서 지혜롭다면 죽음에 이르렀을 때 인생의 의미를 깊이 알 수 있습니다. 죽음이 눈앞에 다가오면 인생을 보는 눈이 달라집니다. 이때 수행을 한 사람은 인생의 참된 의미를 볼 수 있습니다. 자신이 매우 중요하게 여기고 행하였던 모든 것들은 단지 자신이 속한 사회로부터 높은 평가를 받기 위한 것이었음을 알게 됩니다.

지금 나는 중요한 일이 무엇인지 알고 있습니다. 그것은 '지혜'를 얻는 것입니다. 삶이라는 존재의 진정한 목적은 지혜를 성취하는 것인데, 이것은 높은 도덕성이 있어야 이룰 수 있습니다. 사실 도덕성과 지혜는 함께 갑니다. 우리가 살아가는 데 필요한 의식주는 건물의 기초와 같고, 도덕성과 지혜는 그 위에 놓인 지붕과 같습니다.

그렇다면 일상생활 속에서 지혜를 얻기 위해 어떻게 해야 할까요?

우리는 학교에서 배웁니다. 이것은 살아가는 데 필요한 지식과 직업을 얻기 위해서 입니다. 지식은 지혜가 아닙니다. 과학, 법률, 회계 등은 지혜가 아닙니다. 지혜는 인생과 관련된 것입니다. 죽음에 이르렀을 때 나는 인생에 대한 피상적인 지식을 얻기 위해 인생을 낭비한 것을 후회했습니다. 그때 나는 이렇게 생각했습니다. 만일 지금 죽지 않는다면 가장 고귀한 일을 할 것이라고 말입니다.

젊은 시절에 책에서 다음과 같은 글을 읽었습니다.

"가장 좋은 책을 먼저 읽어라. 그렇지 않으면 그것을 읽을 기회를 평생 잃게 될지도 모른다."

이 문구의 깊은 의미는 "가장 중요한 일을 하라. 그렇지 않으면 영원히 그 일을 할 수 없을지도 모른다"입니다.

그렇다고 다른 모든 일들을 제쳐놓을 필요는 없습니다. 살다 보면 해야 할 일들이 수없이 많습니다. 이러한 일들을 하면서도 당신은 깊은 지혜를 찾기 위해 시간을 가져야 합니다. 그렇게 해야만 합니다. 당신의 반복되는 일상과 다양한 사건들 속에서 사띠하면서 '지혜'와 '이해'를 얻어내도록 노력해야 합니다. 그렇게 함으로써 지혜를 발전시킬 수 있습니다.

인생에는 많은 가르침이 있습니다. 《인생은 학교다》라는 책에서 나는 이렇게 말했습니다.

"당신은 가르침을 받을 것이다. 당신이 원했든 원하지 않았든 당신은 인생이라는 비공식적인 학교에 등록한 학생이기 때문이다."

인생 전체가 학교입니다. 이곳에서 탄생과 죽음을 비롯해 모든 것을 배웁니다. 좋은 경험이든 나쁜 경험이든 현생의 모든 체험은 수업입니다.

그것을 통해 하나하나 배워가면서 당신은 지혜와 이해를 얻을 수 있습니다. 그렇기 위해서는 모든 것에 사띠해야 합니다. 사띠하면서 주의를 기울이지 않으면 당신은 아무것도 얻을 수 없습니다.

학생들이 학교에서 선생님의 가르침을 새겨듣지 않고, 그들이 좋아하는 것만을 생각한다면 선생님의 가르침을 이해할 수 없습니다. 교실에 있지만 그들은 절대로 참된 지식을 얻을 수 없습니다.
마찬가지로 사람들은 전도몽상(顚倒夢想) 상태에서 꿈꾸듯이 살아가기 때문에 다양한 상황에 놓여도 인생의 가르침인 지혜를 얻지 못합니다. 인생에서 배우고자 한다면 인생에서 마주치는 모든 것들에 사띠하면서 지혜를 얻어야 합니다.

무언가를 보고 듣고 생각할 때마다 그 모든 것을 사띠하면서 알아차리십시오. 자신이 그것에 대해 어떻게 반응하고 느끼는지 알아차리십시오. 당신은 그렇게 할 수 없다고 생각할지도 모릅니다. 물론 지금 그렇게 하는 것이 어려울 수도 있습니다. 하지만 계속 노력하면 얼마 후에는 그렇게 할 수 있을 것입니다.
내가 알고 있는 사람들은 5년 또는 10년 동안 반복하여 그것을 수련해

왔습니다. 그러나 처음 시도했을 때에는 하루에 한두 순간만 알아차릴 수 있었습니다. 그러나 그들은 실망하지 않고 계속해나갔습니다. 그 후 하루 동안 약 1분간 알아차릴 수 있었습니다. 얼마 후에는 5분간 알아차릴 수 있었습니다. 또 그 후에는 약 10분간 사띠와 함께하면서 알아차릴 수 있었습니다. 잠에서 깨어나 잠들 때까지 마음에서 일어나는 모든 것들을 사띠하면서 알아차려야 합니다.

가끔 나는 그들에게 묻습니다.

"5분 또는 10분간 방황 속에 있었나요?"

"아니오, 그렇지 않습니다. 사띠가 뚜렷하게 함께하였습니다. 어떤 때에는 그것이 약하고 어떤 때에는 강합니다. 그러나 결코 방황하지 않았습니다. 어느 것이든 우리가 하는 것이라면 조금이라도 알고 있으며 사띠하면서 알아차리기 위해 노력하고 있습니다."

수행이 되풀이될수록 그것은 발전하면서 쌓이게 됩니다. 그러면 두 가지 마음이 있는 것처럼 보입니다. 하나는 대상을 아는 마음이고, 다른 하나는 그 대상을 아는 마음을 아는 마음입니다. 이를 경험한 사람들에게는 이것이 이상한 일이 아닙니다. 몸과 마음이 어떻게 작용하는지 모르는 것이 무지입니다. 무지에는 앎이 없습니다.

오랜 시간 사띠수행을 한 사람도 어떤 일을 만나면 그 역시 당황하고 불안해집니다. 하지만 그는 곧 자신의 상태를 알아차리고 사띠해야 합니다. 오랫동안 부주의한 상태에 빠지지 않습니다. 말을 할 때에도 사띠합니다. 그는 사띠와 함께하기 위해 노력하지 않아도 말하는 것을 알고 있으며, 자신이 말하고자 하는 것도 알고 있습니다. 다른 사람들에게 말할 기회를 주고, 다른 사람들이 말하는 것을 주의 깊게 듣습니다.

당신은 사띠하면서 깨어 있음에 머물러야 합니다. 그러면 당신의 몸과 마음에서 무슨 일이 일어나는지 알 수 있습니다.

사띠가 완전해지면 생각이 멈춥니다. 마음은 평화로워집니다. 마음 안에 완전한 고요가 있습니다. 이 상태에서 몸의 느낌이나 감각을 알아차립니다. 마음의 고요한 성질과 냉정함도 알아차립니다.

대상이 나타나면 그 대상을 사띠하며 알아차립니다. 그러면 그 대상을 알아차리는 순간 대상이 사라진다는 사실도 보게 됩니다. 그것을 생각하는 것이 아니고 직접 '보고 아는 것'입니다. 몸과 마음에서 자연적인 현상이 일어나서 사라짐을 직접 보는 것은 '일어나고 사라지는 성품을 아는 것'입니다.

수행자는 (자연적 현상의) 일어나고 사라짐이 태어남과 죽음이라는 것을 압니다. 이것은 매우 미묘하고 심오합니다. 보통 사람들은 '우리는 죽는다. 얼마나 더 살다가 죽을까? 죽음으로부터 멀리 떨어져 있다고 생각한다.' 그렇기 때문에 그들에게 죽음이 닥치면 불안과 혼돈 상태에서 죽을 것입니다.

그러나 수행자는 숨의 조수에서 삶과 죽음을 봅니다. 그들은 매우 심오하게 봅니다.

> "나에게는 삶과 죽음이 없다. 나는 숨의 조수를 나의 삶과 죽음으로
> 삼는다."

지혜로워질수록 이 의미는 더욱 깊어집니다.

나에게는 친구가 없다.
나는 나의 마음을 나의 친구로 삼는다.

> **66** 나에게는 신통력이 없다. **99**
> 나는 정직함을 나의 신통력으로 삼는다.

대부분 수행자들은 담마에 대한 이해가 미약할 때 비범한 힘을 얻길 바랍니다. 그러나 담마의 이해가 깊어지면 그러한 힘을 대단하게 여기지 않습니다. 이 시를 쓴 사람은 신통력이 아닌 지혜와 이해를 높이 평가했습니다. 그래서 "나에게는 신통력이 없다. 나는 정직함을 나의 신통력으로 삼는다"라고 합니다.

실제 정직함에 신통력이 있습니다. 물론 완전하게 정직하기란 대단히 어렵습니다. 붓다는 경에서 하나의 단어를 두 번 반복하였습니다.

　'Ujuca(우주짜), 정직해야 한다.'

　'Suhujuca(수우주짜), 올바르고 정직해야 한다.'

사회적 관계에서도 정직해야 합니다. 가식이나 거짓은 당신의 인생을 가치없게 만듭니다. 꾸며진 것에는 만족할 수 없습니다. 정직하고 진실한 것에 만족할 수 있습니다.

사람들은 화가 났음에도 화가 나지 않은 척하는데, 그런 사실을 나중에 알게 되면 더 불편합니다. 그가 만일 솔직하게 "나는 약간 화가 났습니다"라고 정직하게 말한다면 진지한 토론이 이루어질 것이고 문제는 해결됩니다. 그러나 "나는 화나지 않았습니다"라고 꾸민다면 문제를 해결하기가 쉽지 않습니다. 거짓은 일시적으로 문제를 덮을지 모르지만 장기적으로 올바른 해결책은 아닙니다.

사회적 관계에서 정직하고 진실하며 솔직한 것은 매우 중요합니다. 그렇게 사회적 관계를 유지한다면 행복하고 평화로워집니다. 그것이 지혜의 성장을 서로 돕기 때문입니다. 정직함이 없으면 성장도 없습니다. 수행도 완전하게 정직해야 진정한 성장을 이룹다. 수행자는 거짓말하거나 꾸며서는 안 됩니다.

수행센터에서 수행 지도자는 수행자들에게 다음과 같이 묻곤 합니다.

"당신의 수행은 어떠한가요?

수행을 하는 데 문제는 없는가요?

당신의 마음이 산만한가요?"

어떤 사람들은 수행 중에 자신은 한 시간 동안 아무것도 생각하지 않는다고 말합니다.

그러나 이것은 불가능합니다. 당신의 집중이 아무리 강하더라도, 가끔 생각들이 갑자기 끼어들기 마련입니다. 당신이 강렬한 선정(Jhånic) 상태에 머물러 있을 때만 그것은 가능합니다.

단순하고 정직하십시오. 솔직하게 말하세요. 다른 사람을 만족시키기 위하여 당신이 이루지 못한 것을 이루었다고 말해서는 안 됩니다.
어떤 사람들은 그들의 스승을 위하여 명상한다고 말하기도 하는데 그렇게 할 필요는 없습니다. 자신을 위하여 정직한 의도와 자신감으로 솔직하게 수행하십시오.
수행 지도자들은 당신을 압니다. 그들은 이미 당신이 겪었던 것을 경험했습니다. 당신이 거짓으로 꾸미고 있다면 그들은 당신을 동정할 것입니다. 그래도 그렇게 한다면 수행으로 자신을 발전시킬 수 없습니다.
당신의 지도자들을 속이지 마십시오. "나는 이미 이러이러한 단계에 이르렀다"고 하면서 동료 수행자들보다 앞서간 것을 자랑하지 마십시오.
담마는 진실입니다. 담마는 현실입니다. 진실을 알고자 한다면 스스로 진실해져야 합니다. 현실을 알고자 한다면 스스로 참되어야 합니다. 지금 여기서 완전히 정직해야 합니다.

만약 당신이 거짓을 말했더라도 그것을 인정해야 합니다. 그리하여 당신은 "제 말은 약간 과장되었습니다. 그것은 사실이 아닙니다"라고 말하고 자신의 거짓말을 수정해야 합니다. 이와 같이 인정하는 것은 매우 두렵고 부끄러운 일입니다. 그렇게 말하는 것은 쉬운 일이 아닙니다. 그러나 당신이 진실을 알고자 한다면 용감하고 정직해야 합니다.

정직함 없는 자유는 없다.
정직함 없는 진실도 없다.

거짓은 마음을 묶습니다. 거짓을 말하는 사람의 마음은 자유롭지 못합니다. 거짓말을 하면 더 큰 거짓말로 그것을 가려야 합니다. 시간이 갈수록 행복하지도 평화롭지도 않게 됩니다. 지적인 이해와 지혜가 발전하지 못합니다. 고매한 정신에 이르지도 못합니다. 자신이 거짓말쟁이라는 사실을 알기 때문에 스스로 자신을 귀하게 여길 수 없습니다. 자신이 진실하지 못하다는 사실을 알면 해야 할 일을 제대로 할 수 없습니다. 거짓에는 진심이 없습니다.

친한 척해서 진실한 우정을 갖지는 못합니다. 사회적 존경과 명성은 거짓으로 얻어지는 것이 아닙니다. 훌륭한 수행자인 척한다고 해서 훌륭한 수행자가 되는 것이 아닙니다.

정직은 인생에서 수행에서 아주 중요한 요소입니다.

　"나는 완전히 정직한가?"

자신에게 물어야 합니다.

　"나는 왜 명상하는가? 진실로 몸과 마음, 정신과 물질의 본성을 알
　고자 하는가? 나는 무상(無常)·고(苦)·무아(無我)라는 존재의 세
　가지 진실을 깨닫기 위해 명상하는가?"

그것을 분명히 하십시오. 당신이 정직하다면 반드시 발전할 것입니다.
빠르든 느리든 확실히 이루게 될 것입니다.

이 사실을 아는 수행자는 많지 않습니다. 어떤 사람은 처음에는 그다지
발전을 보이지 않습니다. 그러다가 6개월 후 조금 발전합니다. 1년 후
역시 조금 더 발전합니다. 그러나 수행을 계속하면서 어느 순간부터 눈
에 띄게 발전합니다.

이 사실을 알면 다음과 같은 것도 알게 됩니다.

　"바른 태도로 규칙적으로 수행하면 반드시 발전이 이루어진다."

정직함이 없으면 발전도 없습니다. 꾸밈은 진실하지 않고 실제로 존재
하지 않습니다. 정직하지 않다면 아무것도 이룰 수 없습니다. 다음 시

구를 깊이 숙고하십시오.

"나는 정직함을 나의 신통력으로 삼는다.

나의 신통력은 정직함이다."

모든 사람들은 친구가 있습니다. 수행자들은 수행센터에 도반들이 있습니다. 그들은 진실로 좋은 친구라고 할 수 있습니다. 그러나 이 시인은 "나는 나의 마음을 친구로 삼는다"라고 말합니다. 이것은 매우 의미심장합니다.

이것을 잠시 생각해보십시오. 자신의 마음이 자신에게 진실한 친구가 된다면 얼마나 행복하고 이로울지를…. 이 말의 반대는 무엇일까 생각해보십시오. 얼마나 불행하고 해로울지를…. 사람들은 자신의 마음이 친구라고 생각합니다. 그러나 사실은 그렇지 않습니다. 대부분 사람들에게 마음은 친구가 아니라 적일 뿐입니다.

나는 마약중독자들이 있는 병원에서 법문을 한 적이 있습니다. 그들에게는 다양한 종교가 있다고 했기 때문에 나는 고심해서 법문을 해야 했습니다. 그때 법문의 요점은 이러했습니다. '자신을 사랑하고 마음을 친구 삼아 그 마음을 좋은 친구로 간직하라.'

사람들은 세속적인 습관과 본성에 따라 하지 말아야 할 행동을 하곤 합니다. 수다원도(Sotåpanna ariyan)를 이뤄도 잘못된 행동을 하기도 합니다.

마약중독자들은 돈과 명예를 잃으며, 사회로부터 점점 더 멀어집니다. 심지어 부모들이 그들을 격리시키기도 합니다. 그를 낳은 어머니조차도 받아들일 수 없어 하는 것입니다. 인생의 가장 값진 선물인 지적인 능력마저 잃고 일찍 죽기도 합니다.

어떤 사람은 지나친 음주로 간암을 얻기도 합니다. 그는 고통 속에 살아야 하고, 자식들 또한 불확실한 미래와 고통 속에서 살아야 합니다.

그렇다면 누가 그를, 그의 가족을 그런 비참한 상황으로 밀어 넣었습니까? 바로 자신의 마음입니다. 마음이 그것을 강하게 원한 것입니다. 자신을 사랑하기 때문에 이러한 것을 행했을까요? 아닙니다. 스스로 이것을 갈망하고 강하게 집착했기 때문입니다.

집착은 사랑이 아닙니다. 이 둘은 서로 다른 것입니다.

어떤 사람들은 스스로 자신의 적(敵)이기도 합니다. 그들에게 "당신은 자신을 사랑합니까?"라고 물으면 그들은 "예, 우리는 자신을 사랑합니다"라고 대답합니다. 그러나 그것은 말일뿐 자신을 사랑하지 않습니다.

정신적 번뇌들이 무지로 형성된 '나'와 결합되면 그 힘은 아주 강해집니다. 정신적 번뇌들이 '나'와 결합하지 않으면 그 힘은 약해집니다. 매우 탐욕스럽고 증오로 가득 찬 그 마음을 관찰하고 탐욕, 증오, 자만, 질투, 갈망이 존재 자체가 아님을 지혜로 알아야 합니다. 이것은 원인에서 생겨나는 의식의 자연적 현상입니다.

사띠하면서 꿰뚫어보십시오. 증오를 사띠하면서 통찰하십시오. 만일 '나' 또는 '나의 증오'라는 시각으로 증오를 바라본다면 증오는 더욱더 커집니다. 더구나 그것이 어떤 이기주의와 결합하면 위험해집니다. 그것이 일어날 때 사띠하면서 주의 깊게 알아차려야 합니다. 그러면 점점 약화될 것입니다.

그것이 일어나고 사라짐을 알게 되면, 당신은 마음의 심오한 본성을 깨닫게 됩니다. 그것을 없애기 위해 애쓸 필요가 없습니다. 사실 없앨 수도 없습니다. 공연을 관람하듯이 그 순간에 일어나는 유쾌한 느낌 또는 불쾌한 느낌과 마음, 그 마음의 본성을 관찰하십시오. 그러면 정신적 번뇌는 줄어들고 마음이 안정되고 내적인 힘을 키우게 됩니다.
번뇌가 스승이고 깨달음이라는 말이 있습니다.

나에게는 부모가 없다.
나는 하늘과 땅을 나의 부모로 삼는다.

번뇌를 스승으로 삼으십시오!

번뇌를 스승으로 삼을 수 있다면 강한 마음을 갖게 될 것입니다.

모든 것에서 배워야 합니다.

모든 경험들은 스승이며 중요한 가르침입니다.

❝ 나에게는 적(敵)이 없다. **❞**
나는 나의 부주의함을 나의 적으로 삼는다.

사람은 친구나 적을 가지고 있습니다. 붓다도 적이 있었습니다. 이 시는 깊은 담마의 본질을 보여줍니다. 시인은 '부주의함'이 가장 위험한 적이라고 말합니다. 이 점을 깊이 생각해보십시오.

인생을 열등한 상태로 이끄는 것은 '부주의함'입니다. 불교에서는 부주의함을 무지(Avijjā), 어리석음(Moha), 방일(Pamāda)*이라고 합니다. 만약 당신이 사띠를 한다면 깨달음(Vijjā), 지혜(Amoha), 불방일(Appamāda)이 있게 됩니다.

사띠와 지혜가 없는 부주의함이 가장 두려운 적입니다.

당신이 무엇을 생각하고 행동하며 말하고 있든지 그것을 사띠하십시오. 사띠하면 지혜는 저절로 따라옵니다. 사띠가 앞서 가고 지혜가 뒤따라갑니다. 사띠가 없으면 지혜도 일어나지 않습니다.

• • •

* 방일(放逸): 일반적으로는 부주의하고, 게으르고, 나태함을 의미하나, 명상적인 맥락에서는 사띠와 함께하지 않는 상태를 의미함. 반대말은 불방일(不放逸).

마음과 마음부수들은 함께 일어나 함께 사라집니다. 나는 마음과 마음부수들이 서로 어떻게 작용하는지 탐구한 적이 있습니다. 121가지의 마음을 적고, 그 위에 52가지의 마음부수들을 적었습니다. 그리고 화살표를 그어가며 서로 어떻게 연관되는지 분석했습니다. 그러자 서로간의 연관성을 명확하게 파악할 수 있었는데, 사띠가 없는 마음에는 지혜도 없다는 결론을 얻었습니다.

인생의 가장 높은 가치로 이끄는 것은 지혜입니다. 인생의 가치를 파괴하는 것은 부주의함입니다. 지혜를 얻기 위해서는 사띠와 함께해야 합니다. 사띠와 지혜가 없다면 아무것도 이룰 수 없습니다. 인생을 파멸로 이끕니다.

사람들은 귀중한 시간을 매우 부주의하게 소비합니다. 그들은 주의하지 않습니다. 비이성적입니다. 그들은 귀중한 시간을 낭비합니다. 이렇게 살면 인생의 가치는 보잘 것 없어집니다. 성공하거나 번창하지도 못하고 자격을 갖추거나 유능한 인물도 되지 못합니다. 이 세계가 이러한 사람들로 가득 찬다면 어떻게 될까요? 부디 이 점을 깊이 생각해보십시오. 나는 이들이 안타깝습니다. 그렇다고 이들을 비난하지는 않습니다.

누구에게나 씨앗과 같은 좋은 성질이 있습니다. 이것을 충분히 자라게 하는 것이 중요합니다. 나도 젊은 시절을 지나왔습니다. 청년시절에 나는 야망이 있었습니다. 어떤 일들은 성공적으로 이루었으나 그렇지 못한 일도 있었습니다. 그러나 큰 야망이 있었기 때문에 약간은 이룰 수 있었습니다.

나는 사람들이 인생에서 성공하길 바랍니다. 실패한 인생이 되어 실의에 빠지지 않기를 바랍니다. 그러나 인생에서 만난 모든 실패들을 무시하십시오. 그것은 해야 할 일이 더 많기 때문입니다. 다시 실패하지 않기 위해 더 많은 일을 해야 합니다. 그러므로 귀중한 시간을 낭비해선 안 됩니다.

언뜻 보면 사람들에게 많은 시간이 주어진 듯합니다. 그러나 그 시간을 헛되이 보낸다면 인생에서 귀한 가치를 창조할 수 없습니다. 자신에게 주어진 귀중한 시간을 부주의하게 낭비하는 것이 얼마나 두려운 일인지 깨달아야 합니다.

> **"** 나에게는 갑옷이 없다. **"**
> 나는 나의 자비심을 나의 갑옷으로 삼는다.

'갑옷'은 사람과 말이 전장에서 입는 강철이나 가죽으로 만든 옷입니다. "갑옷이 없다"는 말은 이 시인에게 물질적인 보호가 없다는 뜻입니다. 그러나 시인은 "나는 나의 자비심을 나의 갑옷으로 삼는다"고 말합니다. 그는 자비심을 갑옷에 비유하고 있습니다. 인간이 자비로워지거나 동정심을 가지게 되면 그는 그 자비심에 의해 안전하고 철저히 보호받습니다. 거기에는 어떤 근심이나 공포도 없습니다.

어떤 사람이 나에게 물었습니다.

"제가 낯선 외국에 가는데 지니면 좋은 부적은 없습니까?"

나는 그 사람이 원하는 부적을 줄 수 없다고 대답했습니다.

"나는 부적 같은 외부적인 힘에 의지하여 은신처를 찾지 않습니다. 물질적인 도움이 필요하면 가까운 친구들에게 도움을 청합니다. 그러나 정신적으로는 부적 같은 외부적인 힘에 의존하지 않습니다. 나는 담마에 의지하고 자비심과 사띠에 의존합니다. 어디에 있든지 자비(Mettå)와 사띠(Sati)의 부적을 지니고 다니십시오."

우리는 인생에서 물질적인 도움이 필요합니다. 그러나 정신적으로는 외부적 요인에 의존해서는 안 됩니다.

붓다는 "Attåhi attano nåtho(아따히 아따노 나또)"라고 하였습니다. "자신에게 의존해야 한다"는 것입니다. 나는 이 말을 마음속에 간직하고 이 말을 지키며 사는 데 익숙해져 있습니다. 또한 제자들에게도 그렇게 하라고 권합니다. 그들이 나를 의지하며 나에게서 은신처를 찾는 것을 받아들이지 않습니다.

자신을 의지하고 사띠와 자비의 부적을 항상 지니십시오.

반복적인 일상을 알아차려야 합니다. 몸 안에서 일어나는 변화와 정신적인 현상을 사띠하면서 알아차려야 합니다.

그리고 자비심을 기르십시오. 다른 사람들에 자비심과 동정심을 키우면 그들은 진정한 자비심에 반응합니다. 때로는 다투려 했던 사람들도 다시 친해지게 됩니다.

다른 사람들에 대한 자비심과 동정심을 가지고 있다는 사실을 스스로 알면, 완벽하게 안전하고 건강해집니다. 갑옷이 아무리 튼튼하고 안전해도 적으로부터 불시의 공격을 받을 수 있습니다. 그러나 사띠하면서 자비심을 가지고 있다면 위험으로부터 자유롭고 안전할 것입니다.

붓다도 그의 전생의 불선업의 결과와 마주칠 때면 그것을 피하지 않고 받아들였습니다. 사띠의 갑옷을 입고 자비의 울타리 안에서 살아가십시오. 자비의 갑옷을 입고 사띠의 집 안에서 살아가시길 바랍니다!

당신에게 자비(Mettå)와 사띠(Sati), 집중(Samådhi)이 있다면 그 힘으로 행복하고 평화롭게 살아갈 것입니다. 큰스님들은 사띠와 집중의 힘이 강하여 얼굴이 아주 맑고 평화롭습니다. 당신이 다가가면 그들의 자비와 집중의 평화로움에 동화되어 행복과 평안함을 느낄 것입니다. 집중과 자비심이 계발되면 자신의 몸 주변에 자비의 원을 만들어내게 됩니다. 자비심의 힘으로 스스로 맑고 평화로워져 주변 사람들 또한 행복하고 평화로워집니다.

'성'은 적의 공격에 대비하여 지어진 견고한 건물입니다. 모든 문들은 여러 겹의 쇠로 만들어져 있습니다. 부유하고 지위가 높은 자들은 많은 위험에 둘러싸여 있어, 안전을 위해 견고하고 큰 집에 살아야 합니다. 그러나 시인은 이렇게 말합니다.

　"나에게 성은 없다. 하지만 강력한 사띠와 집중이 만들어낸, 견고한
　'마음'의 성에 산다."

동요되지 않고 흔들리지 않는 마음은 참된 집중(Samādhi)이라 할 수 있습니다. 사띠와 집중이 강력해지면 번뇌라는 적(敵)이 침범할 수 없습니다. 벽돌, 모래, 돌, 자갈과 시멘트로 쌓아진 물질적인 성은 적의 침입으로부터 당신의 육체를 보호할 수 있습니다. 하지만 정신적 번뇌로부터 당신의 마음을 보호할 수는 없습니다. 오로지 사띠와 집중만이 마음이 오염되고 위태로워지는 것을 막을 수 있습니다.

마음속 번뇌는 외부의 적보다 더 위험합니다. 사띠하지 않으면 당신은 업(Kamma)의 나쁜 결과들을 감수해야 합니다. 종종 그것들로부터 자

유로울 수 없습니다. 윤회의 굴레에서 필연적으로 그것들과 마주쳐야
합니다.

"당신의 마음이 당신의 인생이다."
"나쁜 마음은 나쁜 결과를 생성한다."

항상 사띠를 하면서 바라보고 마음의 그릇된 성질을 찾아내십시오. 어
떤 느낌이 듭니까? 지금 무엇을 생각하고 있나요?

불만족, 증오, 악의에 찬 것들을 알아차리십시오. 그것들을 억지로 바꾸
려 하지 마십시오. 편한 마음으로 단지 사띠해야 합니다. 진실로 사띠하
면서 알아차리면 좋은 상태로 변화될 것입니다. 얼마나 희망적입니까!
올바른 사고와 지혜가 생기면 인생이 행복하고 편안해집니다. 세계는
완전히 뒤바뀝니다.

당신의 세계를 바꾸고자 한다면 사띠하면서 마음 안에서 일어나는 모
든 것들을 알아차리십시오. 당신이 그것을 알아차리면 그것은 서서히
바뀔 것입니다. 잘못을 알고 그것을 고쳐나가면 그때부터 삶은 살 만한
것이 됩니다. 이 얼마나 희망적입니까!

옛날의 영웅들은 허리에 칼을 차고 다녔는데, 이는 영웅의 상징이었습니다. 그들은 어디를 가건 칼을 지니고 다녔습니다. 마찬가지로 그의 적도 그런 칼을 지니고 다녔습니다. 영웅이 적과 마주치면 칼을 빼들어 자신을 방어하고 적과 싸움을 벌였습니다. 그러나 이 시인은 "나에게는 칼이 없다. 나는 무아를 나의 칼로 삼는다"고 말합니다.

대부분 사람들은 물질적인 칼이나 총을 무기로 사용합니다. 그러나 정신적으로 성숙한 사람은 무아를 무기로 사용합니다. 그는 대상이 무엇이 되었든 세계를 무아의 관점에서 바라봅니다. 세상의 일들을 무아의 상태에서 바라보는 것은 매우 경이로운 일입니다. 무아의 상태에 있을 때 안정되고 마음이 평화로워집니다.

어떤 사람이 당신을 좋아하지 않는다고 말하면 당신은 '어떻게 그가 감히 내게 그런 말을 할 수 있을까?'라고 생각합니다. 여기서 '그'라는 단어는 '다른 자아(Atta)'를 의미하고, '나'라는 단어는 '자아'를 말합니다. 담마의 관점에서 보면 말하는 사람이나 듣는 사람이나 모두 무아(Anatta)입니다. 단어의 해석은 관습적인 진리이지만 말소리 자체는 궁극의 진리입니다. 그것은 한 순간에 일어나고 사라집니다. 들린 후에 즉시 사라집니다. 불쾌한 느낌 역시 사라집니다. 모든 것은 일어나고 사라집니다.

우리가 어떻게 더 이상 나아갈 수 있을까요? 그것은 이 순간 여기에서 일어나 여기서 끝납니다. 당신이 이런 무상함을 보면 더 나아가지 않습니다. 이야기의 줄거리는 짧지만 '자아'의 힘 때문에 길어지게 됩니다. '자아'의 힘이 강할수록 이야기가 길어집니다.

무엇인가를 대할 때마다 '자아'에 대해 깊이 생각해야 합니다. 자아의 가장 깊은 곳에 이르면 '무아'를 알게 될 것입니다. 그곳에서는 아무것도 계속되지 않습니다. 더 이상 생각할 것이 없습니다.

인생에서 당신은 자신의 책임을 완수하는 것으로 족합니다. 당신에게 병이 있어야 한다면 그것은 있게 될 것이고 죽어야 한다면 죽을 것입니다. 그러나 무아의 본질을 충분히 깨닫는다면 당신은 그런 일들이 일어나도 크게 동요하지 않을 것입니다.

얼마 전 내가 아는 사람이 평화로운 죽음을 맞이했습니다. 그의 딸이 나에게 말했습니다.

"아버지는 죽기 열흘 전부터 태도를 확실히 바꾸었습니다. 그 전에 아버지는 죽음을 받아들이지 못하고 거부했었는데, 아버지는 결국 죽음을 피할 수 없다는 사실을 알게 되었습니다. 아버지는 명상 수행을 조금이나마 해왔기 때문에 자신의 죽음을 받아들인 것입니다. 그 후로 날이 갈수록 점점 평화롭고 고요해졌습니다. 죽음에 가까워졌을 때, 아버지는 두 손을 부드럽게 가슴 위에 올려놓고 고르게 숨을 쉬었습니다. 아버지는 힘들어하지 않고 잠자는 사람처럼 평화롭게 돌아가셨습니다."

죽음에는 여러 가지가 있습니다. 어떤 사람들은 평화롭지 못한 가운데 공포 속에서 죽습니다. 어떤 사람은 아주 평화롭게 죽음을 맞습니다. 이들은 대부분 수행을 해온 사람들입니다.

세속적인 문제들과 마주쳤을 때 이기적으로 행동하면 지게 됩니다. 이기적인 것은 실패합니다. 당신의 무아를 유지하면 죽음도 극복할 수 있습니다. 이기심과 죽음의 공포 속에서 죽음을 맞이한다면 죽는 순간에 모든 것을 잃을 것입니다. 그러나 무아의 상태에서 죽는다면 죽음의 순간에 죽음을 극복할 수 있습니다.

세속적인 문제로 인한 '적'을 제압할 수 있는 것은 '무아'라는 무기입니다. 그것은 자신과 싸우는 영웅들의 무기입니다. 자신과 싸워 이기는 사람이 진정한 영웅입니다. 붓다의담마를 아는 고귀한 사람이 진짜 영웅입니다.

나는 모든 사람들이 의미 있는 삶을 살아가기를 바랍니다. 진정 의미 있는 인생을 살고자 한다면 명상수행을 하십시오. 당신의 마음을 지금 행동하는 것, 오고 가며, 말하는 것에 두십시오.

이것은 아주 중요합니다.

앞의 시들을 반복하여 깊이 생각함으로써 자신을 밝히고 그것을 일상 생활에 적용해야 합니다.

오랫동안 수행하면서 도움이 되는 좋은 사례들을 수집하였습니다. 내가 아는 값진 깨달음을 나누어주고 모두를 밝혀주고 싶습니다. 이것을 일상생활에 적용한다면 삶의 질은 점점 나아질 것입니다.

정신적 성장은 전 인생에 걸친 배움을 통해 이뤄집니다. 정신적 성장에는 끝이 없습니다. 죽을 때까지 이를 이루어나가야 합니다. 이 길을 줄

기차게 따라가면 지혜가 자리 잡기 시작합니다. 점차 사물들의 뜻이 통하게 됩니다.

인과(Paṭiccasamuppanna)를 알지 못하면 무엇이 원인이고 무엇이 결과인지 이해하지 못할 것입니다. 일어나는 모든 일들이 무의미하고 쓸모없는 것이라고 생각할지도 모릅니다. 그러나 지혜가 자라면서 모든 것들에서 점차 무엇이 원인이고 결과인지 알게 될 것입니다.

정신적, 물질적 현상을 깨달은 자는 안정되고 지속적인 사띠 속에서 세상사를 꿰뚫어 알 수 있습니다. 나도 가끔 세상사에 흥미를 느끼는데, 그 중 몇몇은 매우 중요하다는 사실을 알고 있습니다. 그것들을 바라보면서 나는 문제의 원인과 해결책은 무엇인지에 대해 실마리를 얻습니다.

인생의 과거를 연기적으로 보면서, 이러저러한 결과들이 이러저러한 원인들로부터 생겨났다는 사실을 명확히 봅니다. 그것에는 세속적 진실(Samuti saccā)과 궁극적 진실(Paramatha saccā)이라는 두 가지 측면이 있습니다.

원인과 결과를 바로 보는 것은 매우 중요합니다. 인과를 바르고 정확하게 보지 못하면 인생에서 문제가 끊임없이 뒤따를 것입니다. 담마를 알게 되면 당신의 인생은 단순하고 순수해집니다. 담마의 관점에서는 모든 문제들을 개인주의와 이기주의 없이 지혜롭게 해결할 수 있을 것입니다.

당신의 마음이 순수하면 인생도 순수합니다. 당신의 마음이 불순하면 인생도 불순해집니다.

우리의 존재가 무엇인지 깊이 이해할 수 있습니다.

세상에 대한 이해가 쌓이고 각 부분들을 이해하게 되면, 당신은 윤회적 삶 전체를 조망하여 이해하게 됩니다. 현생뿐 아니라 윤회 안에서의 끊임없는 생사를 생각하며, 다가오는 미래의 행복과 이익을 위해 대비할 수 있습니다. 인생에 대한 이해가 깊어질수록 당신의 인생은 더욱 분명해집니다.

윤회적 견해가 없는 사람은 현생의 피상적인 일조차도 바로 보지 못합니다. 윤회적 삶을 이해 못하고, 부정하고 단편적인 삶을 산다면, 당신의 예측은 정확한 해결책과 멀어질 수밖에 없습니다. 그리고 불행하다고 느낄 것입니다. 그러나 현실을 윤회적 관점에서 이성적인 사고로 명확히 바라본다면, 불행한 일도 차분하게 대하게 됩니다.

어떤 문제는 당신의 지혜로 해결할 수도 있습니다. 그러나 결코 피할 수 없는 것들이 있습니다. 이러한 사실을 깨닫고 세상사를 의연하게 맞이해야 합니다. 만약 피할 수 없다면 이렇게 생각하십시오. '나는 내가 행한 것을 그대로 받는다.' 그러면 마음이 평화로워집니다. 육체적인 고통을 느낄지라도 어느 정도 정신적인 평화를 느낄 것입니다.

사람들은 대부분 바른 삶의 길을 깊이 모색합니다. 그러나 어떤 이들은 대충 추측하고 행동합니다. 그들은 어떤 것을 행하고자 하면 그것에 몰두하다가 갑자기 멈추고 또 다른 것을 행합니다. 당신의 인생에서 이런 예들은 무수히 많습니다. 어떤 것을 하다가 원하던 것을 얻지 못하거나 설령 얻게 되더라도 또 다른 것을 얻으려고 마음을 바꿉니다. 이러한 시도들은 당신의 귀중한 시간을 빼앗습니다.

수행을 깊이 경험한 사람은 어떤 것을 원할 때, 자신을 면밀히 살펴본 후 해야 할 일을 하며 하지 말아야 할 일을 피합니다. 할 수 있는 일을 하고 할 수 없는 일을 하지 않습니다. 불가능한 일을 한다면 그것을 이룰 수 없고 결국 실망과 우울만 느끼게 될 것입니다. 그는 귀중한 시간과 돈을 낭비한 것입니다. 그는 힘과 에너지를 부주의하게 사용한 것입니다.

모든 사람은 힘과 능력을 가지고 있지만 강한 힘과 훌륭한 능력으로 축

적하지 못합니다. 끊임없이 변하는 마음과 불확실한 태도는 성공적인 인생으로 이끌 수 없습니다.

정신적 능력을 경험하고 축적하는 것은 즐거운 일입니다.

인생에서 해야 하고 할 수 있는 일을 실천하십시오. 실천하면 강한 이해력을 얻고 그 이해력으로 또 다른 것을 성취할 것입니다.

사람들은 정치적 힘, 군사적 힘, 경제적 힘 같은 다양한 힘을 가지고 있습니다. 그러나 정신적 힘과 달리 다른 힘들은 외부적이고 일시적입니다. 반면에 정신적 힘은 내부적이고 영원합니다. 그 안에는 고결함과 자비가 굳게 깃들어 있어서 결코 그 힘을 그릇되게 사용하지 않습니다.

우리는 '양육의 힘'이라고 할 수 있는 '건설적이고 긍정적인 힘'과 '파괴적이고 부정적인 힘'을 가지고 있습니다. 정신적 힘도 양육의 힘이라고 할 수 있는데, 이것은 다른 사람들의 이익을 향해 있습니다. 정신적 힘을 성취한 사람들은 세계의 안녕을 위해 노력을 기울입니다.

다른 사람들의 안녕을 위해서 일합니다. 이렇게 행한 일에는 만족감이 따릅니다.

사람은 홀로 살 수 없습니다. 홀로 살면 다른 사람들을 이해할 수 없습니다. 만약 사회에서 벗어나 산다면 자비, 동정, 베풂, 인내, 용서, 이해 등은 일어나지 않을 것입니다. 사람은 다른 사람들에게 감사할 줄 알아야 합니다.

통찰에서 기쁨이 옵니다.

무엇이 원인이고 무엇이 결과인지 알기 때문에 모든 것을 적절히 행하며 성공적인 인생을 살게 됩니다. 그것은 일종의 기쁨이자 평화입니다. 우리가 하고 있는 일을 진실로 이해하는 전문가가 되는 것보다 더 만족스러운 일은 없습니다. 지극한 정신을 깨달은 이는 삶의 전문가입니다. 진정 우리는 삶의 전문가들일까요? 우리는 인생을 어떻게 살아야 할지 알고 있습니까? 세상에는 컴퓨터 전문가, 천체 전문가, 무역 전문가, 법률 전문가들이 수없이 있습니다. 그러나 이들이 죽음의 마지막 순간까지 사는 일의 진정한 전문가들일까요? 생각해보십시오! 이것은 얼마나 중요한 일일까요? 삶의 전문가가 되기 위해서는 이삼 일이나 수개월 또는 이삼 년으로는 충분하지 않습니다. 그렇게 되기 위해서는 아주 긴 시간이 필요합니다. 열성적이고 부지런하며 활동적이어야 합니다.

시도하고 또 시도하십시오. 분명 당신은 능력 있는 사람이 될 수 있습니다. 모든 사람이 고통에서 벗어나 행복하기를!

2

가장 행복한 사람

나는 붓다의 일생에 가장 감탄할 만한 사건들 중 하나를 나누려 합니다.
이 사건을 떠올릴 때마다 나는 붓다에게 무한한 존경심을 느꼈습니다.
붓다가 제자들에게 계율을 설할 때, 제자들은 붓다를 따라 암송하였고
붓다는 평화로운 선정(Jhånic) 상태에 있었습니다. 그렇게 짧은 순간에
도 붓다는 그의 마음을 평화로운 상태에 두었던 것입니다.
붓다는 이미 부주의나 망각을 씻어버렸기 때문에 부주의나 망각은 없

었습니다. 붓다는 세상사를 상대하였기 때문에 조금은 피곤할 수도 있

었겠지만, 정신적 번뇌로부터 완전히 멀어져 있었기 때문에 피곤함이

없었습니다.

나의 미국인 제자는 이렇게 말했습니다. "마음을 가로지르는 모든 것들은 마음을 피곤하고 지치게 한다."

세속의 대상 또는 세속적 진리에 속한 것들은 우리를 피곤하게 합니다. '나' '그' '남자' '여자' '재산' '존엄' '기쁨' '계급' 같은 것들은 마음을 피곤하고 지치게 하는데, 만일 사띠와 함께하지 않는다면 항상 이것들과 부딪히게 됩니다. 하지만 사띠 속에서 산다면 이것들로부터 자유로워질 것입니다.

붓다에 관한 일화들을 읽을 때마다 나는 이 사건을 떠올리고 단 4, 5초간이라도 이 본보기를 따르려고 노력합니다. 이것은 또한 나 자신에 대한 일종의 약속입니다. 들숨 날숨을 관찰하면서 사띠의 기초를 닦고, 나 자신을 알아차릴 때마다 나는 '지금 이 순간의 앎'을 기억해냅니다.

우리는 스승 앞에서 계율을 암송합니다. 그것은 자신이 굳게 계율을 지킬 것을 스승에게 약속하는 것입니다. 스승에 대한 깊은 존경심으로 우리는 계율을 굳게 지키려 노력합니다.

계율을 지키는 것은 중요하기 때문에 스승뿐만 아니라 스스로에게도 약속해야 합니다. 자신을 존중하는 사람은 약속을 어기지 않으며 굳게 지킵니다.

사띠하지 않는 시간은 깨어 있지만 잠을 자고 있는 것과 같습니다. 우리가 하는 것, 생각하는 것, 말하는 것은 무엇이든 알아차리는 것이 최선입니다. 사띠와 함께하는 사람들이 언제 어디서 무엇을 하든 점점 더 사띠를 하게 된다는 것을 들으면 매우 기쁩니다. 그들은 바쁜 업무 중에도 사띠를 합니다. 그들은 잠에서 깨자마자 누운 채로 들숨과 날숨을 알아차립니다. 그리고 끊어지지 않는 사띠를 지니면서 자리에서 일어나 침구를 정리합니다. 그런 후 사띠하면서 얼굴을 씻고 30분간 앉은 자세로 명상을 합니다.

오고, 가고, 버스를 타고, 열차를 타고, 집에 있거나 사무실에서 일하면서 어떤 동작을 하고 있든지 사띠 속에서 함께 지내십시오. 그렇게 할 수 있다면 삶의 질은 점점 더 높아질 것입니다.

내가 알고 있는 한 남자는 열차를 타고 사무실에 출근합니다. 열차에 타면 적당한 자리에 앉습니다. 주변의 경치와 말소리 같은 모든 것들이 자신을 피곤하게 한다는 사실을 알기 때문에 다른 것에 한눈팔지 않고 명상의 대상에 마음을 고정시킵니다.

또 다른 사람은 의사인데, 그는 자동차가 있지만 운전을 하면 마음이 산만해지기 때문에 버스로 병원에 출근합니다. 버스에 타면 그 역시 대상을 정하여 명상합니다. 버스에서 내려 걸어가면서 모든 발걸음과 동작 하나하나를 사띠하면서 갑니다. 환자에게 질문하고 진단하는 동안에도 사띠를 놓치지 않습니다.

이러한 태도로 사는 사람은 맑은 얼굴을 가지며 행복과 평화가 배어나옵니다. 이들은 평화롭고 행복해 보입니다.

붓다는 우리에게 언제 어디서나 사띠와 함께하면서 살라고 했습니다. 붓다 역시 항상 사띠하면서 선정 상태에서 대부분의 시간을 보냈습니다.

우리가 붓다처럼 하기는 불가능해 보일지도 모르지만 우리는 노력을 해야 합니다. 당신이 붓다를 존경한다면 사띠하는 삶을 사십시오.

가장 행복한 사람은 누구입니까? 당신의 대답은 무엇입니까? 사람들은
자신의 논리에 따라 대답할 것입니다.

가장 행복한 사람은 자신의 가장 높은 정신적인 것을 실현해내는 사람
입니다.

모든 사람들에게는 다양한 종류의 고귀한 성품이 있습니다. 그들이 살
아갈 수 있는 것은 이 능력 때문입니다. 건축가는 건물이나 집을 짓습
니다. 의사는 의학을 공부하여 환자들을 치료합니다. 그들의 일은 타인
의 질병을 치료하는 것입니다.

대학의 교수들은 각자의 주제를 연구하여 학생들을 가르칩니다. 그들
의 일은 자신의 생활을 위하면서 동시에 학생들의 지적인 성장을 돕는
것입니다. 다른 직업 역시 자신의 생활을 유지하도록 하면서 동시에 다
른 사람들에게도 이익을 가져다줍니다.

게으름뱅이는 행복한 사람이 될 수 없습니다. 부자로 태어나 평생 직업

이 필요 없는 사람도 되는 대로 산다면 행복한 사람이 될 수 없습니다. 사람은 자신이 이룬 것에서 만족을 느낄 때 행복해합니다. 자신의 능력을 발휘함으로써 사회도 발전할 수 있습니다.

그러나 이런 능력들은 세속의 일일 뿐, 가장 높고 궁극적인 것이라고 할 수 없습니다. 인간의 가장 고귀한 능력은 담마에 대한 깊은 이해입니다.

세속적으로 성공한 사람은 많지만 정신적인 평화와 행복, 최상의 고귀한 마음을 이룬 사람은 극소수입니다. 만약 세속적으로 성공한 사람이 세상의 안녕을 위하여 행동한다면 고귀한 마음이 생겨날 것입니다.

의사가 순수한 자비심과 선의로 환자를 치료한다면 내부에서 고귀한 마음이 자라나므로 그는 고귀한 사람이 될 것입니다.

스승이 고귀한 마음으로 학생들을 가르치거나 식료품 가게 주인이 사람들에게 값싸고 질 좋은 것을 양심적으로 판다면 그도 고귀한 마음을 가진 사람입니다.

인간은 높은 생활수준을 유지하고 세속적인 즐거움을 얻기 위해 경제적인 능력을 가지고 있을 뿐 아니라 가장 고귀한 사띠와 집중을 통해 통찰을 개발 할 수 있는 능력도 있습니다.

인간에게는 두 가지 종류의 자연적 본성이 있습니다. 인간적 성품과 동물적 성질이 그것입니다. 과욕, 음식에 대한 강렬한 갈망, 다른 사람에 대한 공격심, 낭비벽, 이 모든 것들은 동물적 성질들입니다. 사띠와 지혜로 그것을 다스릴 때 그것은 인간적 성품이 됩니다.

무엇인가를 얻으려 할 때 다른 사람들도 생각해야 합니다. 자신을 생각할 뿐만 아니라 다른 사람들도 배려하는 것은 인간적 성품입니다. 이기심과 과욕은 인간적 본성이 아닙니다. 자비(Mettā)와 동정(Karunā)은 인간적 본성으로서 가장 고귀하고 훌륭한 성품입니다.

우리는 인간적 성품과 상반된 성질들로 구성되어 있음을 알 수 있습니다. 한순간 이기심이 나타났다가 다른 순간 자비심과 박애심이 일어납니다.

이기적 성질은 자제하지 않으면 더욱 나빠집니다. 스승들의 고귀한 가르침을 따르거나 스스로 선업을 키우면 자신의 성품을 고귀하고 완전하게 만들 수 있습니다.

사람들은 사랑 받기를 원합니다. 자비와 동정은 인간성의 핵심입니다. 자비와 동정을 필요로 하지 않는 사람은 아무도 없습니다. 당신이 달콤하고 즐거운 말을 듣고 싶어 하듯이 다른 사람들을 자비와 동정심으로 대하십시오. 이것이 인간의 고유한 능력입니다. 우리는 인간적 성질을 키우기 위해 노력해야 합니다.

사띠(Sati)와 집중(Samādhi)도 인간 고유의 본성입니다. 그것들을 최대한 키워야 합니다. 사띠와 집중이 강할수록 마음은 평화롭습니다. 마음이 청정할수록 이성은 더욱 맑아집니다. 사띠를 끊임없이 반복하여 수행하십시오. 무엇을 생각하고, 무엇을 말하든, 어떤 행동을 하든 사띠하며 알아차리십시오. 그러면 사띠와 집중은 더욱더 강해져서 최상의 지혜가 드러날 것입니다. 이것이 담마의 핵심입니다.

젊었을 때 나는 아무것도 몰랐습니다. 부모는 나에게 어떤 종교적 가르침도 주지 않았습니다. 그들 자신이 그런 것을 알지 못했습니다. 그들은 종교에 대해 피상적인 지식만을 가지고 있었던 것 같습니다. 그래서 나는 스스로 몇 가지 종교를 비교하며 공부했습니다. 그리하여 내 마음은 담마를 선택하게 되었습니다.

나는 10분, 15분 또는 20분간 명상에 들어 평화와 행복을 느끼곤 했습니다. 그때부터 나는 예전의 즐거워하던 일에 흥미를 느끼지 않게 되었고, 점점 악한 행위를 하지 않게 되었습니다. 담마를 더 많이 알고 실천할수록 더 많이 행복해졌습니다.

그 당시 나는 무상(無常, Anicca)·고(苦, Dukkha)·무아(無我, Anatta)에 대해 알지 못했습니다. 정신적 현상(Namå)과 물질적 현상(Rūpa)과 같은 것을 들어보지도 못한 시절이었습니다. 그러나 나는 숨을 쉬면서 들숨과 날숨을 알아차리려고 노력했습니다. 들숨과 날숨의 시작과 끝을 알아차렸습니다. 나는 이 연속적 작용에 대하여 숙고하면서, 마음이 안정되고 평화로워지는 것을 느꼈습니다. 나는 이러한 상황에 고무되었습니다. 안정과 평화 속에서 위대한 우월성을 본 것입니다.

세속적인 즐거움의 영역에는 이와 같은 성질이 존재하지 않음을 알게 되었습니다. 나는 이렇게 생각했습니다.

> "명상은 인간적 성질이고 인간은 평화와 숭고함을 좋아한다. 평화와 안정, 깊은 통찰의 지혜를 사랑하는 것은 인간적 본성이다."

자신 내부의 가장 훌륭하고 고귀한 성품들을 실현해내는 것은 위대한 즐거움입니다. 당신이 평화롭고 행복하며 즐거운 일을 할 때 성공한 것입니다.

나는 젊은 시절에 머물던 작은 암자의 좌선 명상 자리 정면에 'Santisukha(싼띠수카)'라는 글을 써놓았습니다. 이는 '평화'라는 뜻인데 열반의 지고하고 행복한 평화를 일컫습니다. 벽에 써놓은 '평화'라는 단어를 볼 때마다 나는 그것을 명상의 대상으로 삼았고 그러면 내 마음이 평화로워졌습니다. 그것은 나에게 주의를 촉구하는 존재와도 같았고, '평화'라는 말을 듣는 것만으로 내 마음은 평화롭고 안정되었습니다.

명상을 하면 평화와 안정이 마음 안에서 생겨날 것입니다. 그것이 얼마나 유익할지 생각해보십시오!

붓다는 '담마의 말을 듣는 것만으로도 마음이 깨끗해진다'라고 했습니다.

"Sutavasenapi hi upasame cittam pasidati(수따와세나삐 히 우빠싸메 찌땀 빠시다띠)."

우리는 성공을 어떻게 측정할 수 있을까요? 어떤 척도로 그것을 평가할 수 있습니까? 일반적으로는 재산과 지위, 계급이 성공의 척도였습니다. 그렇다면 재산의 감소와 손실은 어떻습니까? 지위에서 물러남과 계급의 강등은 어떤가요? 이런 상황을 성공적이라 할 수 있습니까? 그런 상황에 있는 사람이 자신을 성공적인 사람이라고 여길 수 있을까요?

높은 지위와 충분한 재산을 갖고자 하는 사람은 그것들을 손안에 넣고 있을 동안에는 그로 인해 지극히 거만해집니다. 그래서 자신을 높이고 다른 사람을 고압적인 태도로 대합니다. 그러한 상황에 그는 결코 평화롭거나 행복하지 않습니다. 오만은 절대로 평화로운 마음 상태를 낳지 않습니다.

재산을 잃거나 직위를 잃은 자를 당신은 어떻게 생각합니까? 이들은 자신을 매우 자랑스럽게 여기다가 모든 것을 잃은 후에는 우울증으로 고생하거나 건강을 잃고 여러 질병에 시달리기도 합니다.

재산은 오만을 낳고, 오만은 다시 불안정과 불행을 낳습니다. 재산을 소유하면 그것을 잃지 않으려는 두려움이 생기고 근심과 혼란이 일어 납니다. 재산을 잃게 되면 우울증이 생겨나 전 인생을 압도합니다.

많은 재산을 소유하고 있더라도 미래의 평안을 위해서는 더욱더 많은 재산을 소유하려고 합니다. 공적인 지위를 유지하기 위해서도 다양한 방법과 수단을 최대한 이용하여야 합니다.

재산과 소유물은 어떤 형태의 평화나 행복도 주지 않습니다. 당신은 육체를 가지고 있고 먹여 살려야 할 가족이 있기 때문에 생계비를 벌어야만 합니다. 이것은 엄연한 현실입니다. 다만 사띠 속에서 이성을 가지고 그렇게 하십시오. 오만함과 거만한 태도로 그렇게 하지는 마시길 바랍니다. 전적으로 그것에 의존할 수는 없습니다.

진정으로 평화롭고 행복하기 위해서는 통찰 명상을 수행하십시오.

마음의 평화 없이는 진정한 성공도 없습니다.

무엇이 진정한 성공입니까? 그것은 단순한 것이 아닙니다. 어떤 사람들은 다음과 같이 생각합니다. '나는 이미 높은 계급을 가졌다, 나는 박사 학위를 취득하였다, 나는 높은 공적 지위를 얻었다, 나는 큰 돈을 벌어 매달 그것을 저축한다, 나는 커다란 저택을 가졌다, 나는 최신형 고급 차를 가졌다.'

그들은 스스로 성공한 사람이라고 생각합니다. 그들은 '소유물'의 척도로 자신을 평가합니다. 세속적인 관점에서 보면 그들은 성공한 사람들일지도 모릅니다. 그러나 담마의 관점에서 보면 그것은 진정한 성공이 아닙니다.

성공적인 사람은 위대한 정신적 이해를 갖고 있는 사람입니다.

도(道, Magga)와 과(果, Phala)*의 통찰력은 최상의 지혜로서 정신적인 힘입니다. 세속의 철학적 사고와 과학적 지식이 아무리 깊더라도, 그것들은 통찰지**의 첫 번째 단계인 정신·물질적 현상에 대한 구별지(Nāma rūpapparriccheda nāna)***의 깊이와 고귀함을 따라가지 못합니다. 그것들은 그러한 통찰지에 비할 바가 못 됩니다.

일반적으로 세속의 철학적인 사고는 생각에 바탕을 두고 있습니다. 그것만을 읽어서는 마음의 평화와 절대적 진리를 얻을 수 없습니다. 세속

• • •

   * 도(道, Magga)와 과(果, Phala) : 세상을 넘어서는 출세간의 마음을 구성하는 수다원, 사다함, 아나함, 아라한의 4가지 깨달음의 각 단계를 구성하는 것으로서, 도(道)의 마음은 정신적 오염원들을 제거하는 역할을 하며, 과(果)의 마음은 도가 만들어낸 그 경지의 해탈을 경험하는 역할을 함.
  ** 통찰지(通察智) : 있는 그대로의 본성을 꿰뚫어 보는 지혜.
*** 구별지(區別智) : 정신적 현상과 물질적 현상을 완전히 식별하여 아는 지혜.

의 철학적이고 합리화된 사고의 나열은 결국 견해의 다툼으로 끝이 나고 무수한 오해와 모순들을 낳습니다. 그래서 그것들을 심오하거나 고귀하다고 말할 수는 없습니다.

지혜가 깊을수록 마음은 평화롭다

66 지혜가 깊을수록 마음은 평화롭다 99

지혜가 있는 사람을 마음이 안정된 사람이라고 합니다. 그는 자신의 업에 따라 부유하고 성공한 것이지만 자신의 부(富)와 성공을 자랑하지 않습니다. 반대로 지혜가 없는 사람은 자신의 부와 성공을 크게 자랑하면서 다른 사람들을 고압적인 태도로 대합니다.

내적인 지혜가 있는 사람은 높은 공적 지위를 갖게 되더라도 그것을 자랑하지 않으며 어떤 문제도 일으키지 않습니다. 그는 다른 사람들을 거만한 태도로 대하지 않습니다. 지혜로운 사람들은 자신의 부와 권위의 힘으로 사회를 아름답게 하고, 다른 사람들의 이익과 혜택을 위해 기꺼이 의무를 지려 합니다.

지혜가 없는 사람은 자신의 부로 인하여 악한 일을 행하고 권위로 인하여 악업을 짓게 됩니다. 그들은 부를 소유하고 성공하게 되면 여러 가지 악하고 불법적인 일을 행합니다. 그러나 그들은 나이가 들수록 지난 시절의 잘못에 대하여 후회하게 될 것입니다.

한 남자가 나에게 와서 물었습니다.

"제가 이미 행한 과거의 잘못들을 씻어내기 위해서는 어떻게 해야
합니까?"

나는 그에게 진실을 말해주었습니다.

"당신이 이미 행한 악업들은 때가 되면 당신에게 영향을 미칠 것입
니다. 그것들은 어떤 수단으로도 사라지게 할 수 없습니다. 그러나
적어도 존재의 네 가지 비참한 상태로부터 자유롭게 하는 수다원
도(Sotåpatti magga)*를 성취하면 벗어날 수 있습니다. 당신이 어떤
존재로 있건 전생에 행한 악한 행위들로부터 영향을 받을 것입니
다. 전능한 붓다조차도 정신적인 고통은 느끼지 않았지만, 전생에
잘못으로 인한 육체적 고통은 받아야 했습니다. 당신이 과거의 행
위들에 대하여 진실로 참회한다면 현실에서 명상수행을 해야 합
니다."

마음의 평화를 이루면 마음은 자동적으로 행복에 도움이 되지 않는 생

• • •

* 수다원도: '예류도'라고도 함. 거스를 수 없이 해탈로 흘러드는 단계로서, 최고 경지
의 열반에 도달하는 데까지 최대 일곱 생이 남아 있으며, 나쁜 곳에서는 결코 태어나
지 아니함.

각과 정신적 반응을 거부합니다.

마음의 평화는 감각적 즐거움을 통해서는 이룰 수 없고, 오로지 통찰 명상을 통해서 이룰 수 있습니다. 이 명상을 하면 모든 정신적 번뇌들과 악한 생각들에서 자유로울 수 있습니다.

수행자는 이 말이 의미하는 바를 알 수 있을 것입니다. 명상가는 명상으로부터 생겨난 마음의 평화를 경험하게 됩니다. 또한 분노나 슬픔을 느낄 때에도 고통스런 감정을 더 이상 지속시키지 않습니다. 그는 이것을 알아차리자마자 사띠하면서 놓아버립니다. 그는 다른 사람들을 비난하지도 않습니다.

담마의 지혜와 사띠가 함께하지 않는 사람은 분노나 슬픔을 느낄 때마다 다른 사람들을 원망하고 비난하며 꾸짖습니다. 그런 상태에서 살아감으로써 그는 더욱더 분노와 슬픔을 느낍니다.

그러나 담마의 지혜와 사띠를 지니고 있는 사람은 같은 상황에서도 다른 사람들을 비난하지 않고 냉정하고 진지한 태도로 자신을 통제합니다. 그는 상황에 대하여 숙고하고 고통스러운 슬픔의 성질을 통찰함으로써 냉정하고 침착하려 노력합니다.

고통스럽고 슬픈 것은 누구에게나 두렵습니다. 심장마비와 고혈압으로 고통받는 사람들에게 그것은 쉽게 감수하기 어려운 현실입니다. 오랜 기간 고통을 받게 되면 건강을 해쳐 죽음의 문턱까지 갈지도 모릅니다. 사띠가 없는 사람은 슬픔을 오랫동안 견뎌야 하지만 사띠를 지닌 사람은 슬픔이 일어나도 이를 알아차리고 빨리 벗어납니다. 사띠, '알아차림'은 모든 것을 판단하고 구별할 줄 아는 마음과 함께 일어납니다. 사띠를 지금 일어나는 대상에 두면 문제와 그 문제의 어려운 점을 꿰뚫어 진리를 보게 됩니다. 슬픔으로부터 일어난 고통을 사띠하면서 알아차리면 슬픔은 사라지고, 마음의 평화가 다시 찾아오게 됩니다.

사람들은 분노하거나 슬퍼지면 '나는 지금 화가 났다. 나를 화나게 만든다'고 생각합니다. 이것을 깊이 생각해보십시오.

'화가 났다'는 것은 '분노에 완전히 압도당하였음'을 의미합니다. 그 순간 당신은 자유로운 사람입니까? '나를 화나게 만든다'는 말은 '다른 사람들 때문에 내가 화를 내는 것을 허용한다'는 의미입니다. 이것은 마음이 다른 사람들에 의하여 통제되고 조종되는 것을 의미하지 않습니까? 지금 그들의 손바닥에 고인 물과 같은 신세입니다! 그러므로 당신은 자유로운 사람이 아닙니다. 그렇지 않습니까?

스스로 분노를 느끼든 혹은 다른 사람들 때문에 분노하든, 분노한다면 결코 자유로운 사람이 아닙니다. 마찬가지로 어떤 것이나 어떤 사람을 강력하게 원한다면, 그것은 강한 갈망에 완전히 휘말려든 것이기 때문에 더 이상 자유로운 사람이 아닙니다. 자만, 오만, 질투 같은 것들도 마찬가지입니다.

'자유'란 '좋아하는 것을 자유롭게 하는 것'을 의미하지 않습니다. 어떤 것이 적당한지 부적당한지, 옳은지 그른지를 면밀히 검토한 후 가장 적당하고 옳은 것을 개인주의, 분파주의, 이기적 견해 없이 행하는 것이 '자유'입니다. 따라서 자유는 관용과 이해심에 기초하고 있습니다. 누구도 당신에게 '자유'를 주지 못합니다. 당신 스스로 그것을 얻기 위해 노력하여야 합니다.

모든 사람들은 '자유를 원한다'고 합니다. 그렇다면 어떤 자유를 원하십니까? '자유란 자신이 원하는 것을 하는 것'이라고 생각한다면 매우 유치하고 어리석습니다. 수행자는 마음 안에 번뇌가 있는 것이 '부자유'라는 것을 압니다. 그러나 사띠와 집중이 강력하면 마음 안의 모든 것들이 자유롭고 평화롭습니다. 이것을 경험한 명상 수행자는 무엇이 '자유'인지 무엇이 '마음의 평화'인지 알 수 있습니다.

이런 경험을 해보지 않고 듣는 것만으로는 이해할 수 없습니다. 수행을 통해 체험해보지 않고는 담마를 깊이 이해할 수 없기 때문입니다.

> **자만심은 당신의 목을 타고
> 채찍질을 하면서 당신을 거만하게 만든다**

담마에 깊은 이해를 가지고 있는 사람들은 그들의 마음 안에 격렬한 감정을 담아두지 않습니다.

자만이나 오만이 마음 안에 일어나면 거친 말들을 하게 됩니다. 그러나 그때 자신의 마음을 직시하면 부정적인 감정들이 사라짐을 느낍니다.

마음 안에서 슬픔과 고통을 느낄 때 스스로 비난해서는 안 됩니다.

사실 슬픔과 고통을 느끼는 '개인'도 '존재'도 '인간'도 없습니다.

아라한도(Arahatta magga)*를 성취하면 자만심이 사라집니다. 자만심은 당신의 목을 타고 채찍질을 하면서 당신을 거만하게 만듭니다. 자만심이 지시하는 대로 이리저리로 쉼 없이 내달립니다.

당신은 스스로 자유롭다고 생각하지만 자유에 대하여 아는 것이 없습니다.

• • •

* 아라한과 : 수행으로 도달할 수 있는 최고의 경지. 아라한의 문자적 의미는 '대접과 존경을 받을 만한 분'이라는 뜻.

탐욕, 증오, 자만, 질투, 탐욕, 들뜸, 의심, 회한, 나태, 무감각 등이 완전하게 사라진 청정한 마음상태를 잠시라도 경험한 수행자는, '마음의 자유'와 '마음의 부자유'를 구별할 수 있습니다.

모든 번뇌는 알아차리는 순간, 사라진다

당신이 행복하고 평화로운 삶을 살기 원한다면 매순간 사띠와 함께하면서 생활하십시오. 평화로운 마음은 자유로운 마음입니다.

깊은 지혜를 원한다면 마음을 완전한 평화 속에 두십시오. 마음이 청정하지 않으면 명상을 할 수 없습니다. 사띠를 한다면 당신의 마음을 원하는 곳에 둘 수 있습니다. 수행자는 이 사실을 알고 있습니다. 조화롭게 명상하기를 원한다면 정신적으로 안정되고 육체적으로 행복하도록 주의하십시오. 말을 조심하여야 합니다. 시간과 정력을 아끼고 불필요한 일에 끼어들지 말아야 합니다.

젊은 시절부터 나는 명상을 해왔습니다. 모든 일을 행할 때 먼저 선택을 한 다음 할 일을 했고, 어떤 일들은 제쳐두었습니다. 예컨대 무료 극장표가 있어도 나는 극장에 가지 않았습니다. 나는 인생의 가르침과 교훈을 얻을 수 있는 영화만을 신중하게 선택한 후에 극장에 갔습니다.

요즘에는 비디오 영화가 참 많습니다. 1시간 또는 2시간 동안 비디오로 영화를 본 후에 당신은 몸이 뻣뻣해지는 것을 느낄 것입니다. 영화 장면들과 대상들이 마음 안에 들어와 마음을 피곤하게 만들고 흥분시키기 때문입니다. 다양한 흥분, 공포, 갈망이 마음 안으로 침입하여 마음은 불안정하고 흔들리게 됩니다. 거기에는 마음의 평화가 없습니다. 따라서 깊은 담마의 지혜를 이해할 수 없습니다.

우리는 많은 것들을 배우지만 마음의 평화를 얻기 위해 마음을 사용하는 방법은 배우지 않습니다.

어린이들은 학교에서 많은 것을 배웁니다. 학교 수업이 끝난 다음에도 개인교습을 받기도 합니다. 부모들은 아이들이 1등을 하고 시험에서 좋은 성적을 내도록 강요하고 재촉합니다. 아침부터 밤까지 그들은 부모의 엄격한 지시에 따라야 하고, 부모는 그렇게 하는 것이 아이들에게 좋은 일이라고 생각합니다. 어린이들은 행복하게 놀 시간조차 없습니다. 그러나 부모는 그들의 아이들이 불행하다는 사실을 모릅니다. 아이들은 틈만 나면 비디오와 TV 게임 앞에 앉습니다. 그것들이 아이들을 얼마나 멍청하게 만드는 것들인지 아이들과 부모는 모릅니다.

부모는 아이들에게 가족을 돕고, 장난감을 만들고, 고장 난 가구들을 고치고, 식물을 기르고, 친구들을 사귀는 일들을 가르쳐야 합니다. 아이들은 오락에 관심을 보이지만 부모는 그들을 바른 사고와 생활방식으로 이끌어야 합니다.

부모는 아이들이 좋은 교육을 받아 성공하기를 원하며 아이들에 대해 그러한 의무를 지고 있습니다. 그러나 인생의 중요한 문제인 '어떻게 평화롭고 행복하게 살 것인가?'라는 것을 가르치는 데는 관심이 없습니다. 누가 그들에게 가르칠 것입니까? 가정에서? 학교에서? 아니면 우리들에게 그런 책임이 없다고 생각하십니까?

부모 자신이 평화로운 마음을 성취하도록 명상수행을 해야 합니다. 그러면 부모는 아이들에게 바른 방법으로 가르칠 수 있습니다. 선생님들도 그렇게 해야 합니다.

부모들이 명상센터에 갈 때에는 아이들과 함께 가야 합니다. 집에서 명상할 때에도 아이들이 참여하도록 하고 편안하게 명상하는 방법을 가르쳐줘야 합니다. 이것은 어렵지 않습니다. 젊은 시절부터 명상을 수행해온 나는 어느 정도 마음의 평화를 얻었습니다. 아이들 또한 나이에 따라 어떤 경험을 하게 될 것입니다. 그들에게 간단한 방법을 가르쳐줄 필요가 있습니다. 이러한 경험을 한 어린이들은 결코 어리석을 수 없습니다. 그는 이성적인 어른이 되어 이성을 사용하게 될 것입니다.

나는 평범한 여성 수행자의 경험을 책에서 읽은 적이 있습니다. 그녀는 매일 집과 명상센터에서 좌선을 했습니다. 그녀에게는 두 딸이 있었습니다.

그녀는 항상 촛불을 앞에 두고 명상을 했습니다. 학교 수업이 없는 날 두 딸은 집에 있었고, 엄마는 평소처럼 명상을 하고 있었습니다. 이층에서 붓다의 그림 앞에 앉아 있는 엄마를 두 딸이 발견했습니다. 그 광경을 보고 두 딸은 서로 속삭였습니다.

"엄마는 지금 무얼 하고 있는 거야?"

"그냥 자고 있는 거야."

"앉아서 눈을 감고 있는 거야!"

그렇게 말하면서 두 딸은 아래층으로 내려갔다. 명상을 하던 엄마는 두 딸이 하는 말을 듣고 생각했습니다. '내가 무엇을 하고 있는지 지금 아이들에게 말을 할까?' 그러나 그렇게 하지 않았습니다. 명상을 마치고 아래층으로 내려가자 딸들이 물었습니다.

"엄마, 붓다의 그림 앞에서 무엇을 한 거예요?"

엄마는 대답했습니다.

"나는 앉아서 명상을 했단다."

"명상이 뭐예요?"

"명상은 들숨과 날숨을 알아차리면서 평화와 행복 속에 있는 것이
란다."

계속해서 엄마는 아이들이 명상에 대해 이해할 수 있도록 쉽게 설명해
줬는데, 며칠 후 아이들이 이렇게 물었습니다.

"우리도 엄마와 함께 앉을 수 있을까요?"

"그럼, 너희들도 나와 함께 명상을 할 수 있단다."

아이들은 부모가 하는 일에 관심이 많습니다. 그리고 그 일을 따라하고
싶어 합니다. 부모는 아이들이 바람직한 일을 하도록 스스로 모범을 보
여야 합니다. 아이들이 어른을 모방하는 것은 당연합니다.

명상시간이 되자 엄마는 딸들을 위해 자리를 마련하고 이렇게 말했습
니다.

"너희들이 할 수 있는 만큼만 하도록 하거라. 싫어지면 그만 두어도
된단다. 나는 너희들이 억지로 하는 것을 원하지 않는다. 하지만
엄마는 엄마의 명상을 계속하겠다. 너희들이 명상을 할 때는 코끝
에서 들고 나는 공기의 감촉을 사띠하며 알아차려라."

이렇게 엄마와 딸들은 가끔 함께 앉아 명상을 했습니다.

진정으로 아이들을 사랑하는 부모라면 이 여성의 본보기를 따라야 합

니다. 컴퓨터나 게임기를 사주고, 높은 교육을 받는 것만으로는 충분치 않습니다. 감각적 즐거움에 지나치게 빠지게 한다면 부모의 의무를 다한 것이 아닙니다. 더구나 이러한 감각적 즐거움들은 아이들을 잘못된 길로 이끌고 여러 가지 고통을 겪게 합니다.

감각적 즐거움을 완전히 제거하는 것은 불가능하지만 부모는 아이들이 감각적 즐거움을 자제하는 법을 가르쳐야 합니다. 그때 비로소 부모의 의무는 진실로 완수되고, 부모의 사랑은 더욱 깊어질 것입니다.

요즘 미얀마에는 아이들과 함께 명상을 하는 부모들이 많습니다. 공휴일에는 조부모들을 포함하여 친척들이 한 집에 모여 음식을 나누어먹곤 합니다. 그런 후 함께 명상하고 녹음테이프로 법문을 듣습니다. 친척들 간의 관계를 알게 되면서 아이들은 순수함, 솔직함, 우애, 자비심, 이해심, 인정을 키워갑니다.

그들을 보면서 나는 이런 부모야말로 진정으로 부모의 의무를 다하는 것이며, 자녀들을 위한 진정한 자비심이라고 생각합니다.

평화로운 마음은 강하고 평화롭지 않은 마음은 강하지 않습니다. 평화
롭지 못한 마음은 매일 당신을 지배하려 합니다.

마음이 평화로울 수 있도록 매일 수행하십시오.

매일 아침 깨어나자마자 깨어나는 것을 알아차리시길 바랍니다. 그리고
마음을 호흡에 두십시오. 다른 것은 아무것도 생각하지 마세요. 평화롭
지 못한 생각이 마음에 들어오면 그것이 하루 종일 지배하게 됩니다.
그 후에 세수, 칫솔질, 예불, 좌선, 아침식사 같은 일상생활에 나아가십
시오. 출근하여 하루 종일 일을 하면서도 마찬가지입니다. 무엇을 하든
무엇을 말하든 무엇을 생각하든 그것을 사띠하며 알아차리십시오.

단 5분간의 평화로운 마음을 가진다 하여도 그것은 매우 유익하고 대
단한 일입니다. 그것은 평화의 시간입니다. 당신이 평화로운 시간을 조
금 더 가진다면 더욱 좋을 것입니다. 감당하기 힘든 고통은 없습니다!
큰 슬픔도 없습니다! 알아차리는 순간 그것은 사라집니다. 마음의 속성
은 그것이 좋든 나쁘든 현재 진행 중인 방향으로 나아갑니다.

좋은 마음의 상태 안에서 머무르십시오. 그렇게 되기 위해서는 수행이 필요합니다.

마음의 평화만큼 귀중한 것은 없습니다. 마음의 평화와 마음의 힘은 같은 것입니다.

평화롭게 살고 있는 당신에게 평화롭지 못한 말을 하면 마음의 평화는 깨집니다. 왜인가? 자신의 마음보다 그가 말하는 것이 중요하다고 생각하기 때문입니다. 당신의 마음을 잘 보살필 수 없을 때 사소한 것 때문에 온종일 분노를 느낄 것입니다. 당신의 마음 안에 있는 분노를 관찰하십시오! 무엇이 중요하다고 생각하십니까? 마음의 평화인가요? 아니면 현재의 일인가요?

스스로에게 다짐하십시오.

"직면한 문제가 아무리 심각하더라도 나는 마음의 평화를 무너뜨리지 않겠다"라고….

한 여자가 암 수술을 받게 되었습니다. 그녀는 규칙적으로 명상을 하는 사람이었는데, 나에게 이렇게 말했습니다.

"제가 만약 명상수행을 하지 않았다면 수술을 기다리는 동안 큰 고통을 겪었을 겁니다. 다른 사람에게 도와달라고 울먹였을지도 모르고요. 하지만 명상을 한 덕분에 저는 그다지 크게 근심하지 않았습니다. 제 마음의 상태에 대해 숙고했고 수술실로 옮겨지는 동안에도 크게 걱정하고 있지 않다는 사실을 알아차렸습니다."

암이라는 질병은 말로 듣는 것만으로도 두렵습니다. 그러나 그녀는 수술실에서조차도 평화롭게 머물 수 있었고 수술 후에도 큰 고통은 느끼지 않았다고 말했습니다. 그 후 그녀는 의사를 불러 자신의 위가 너무 아파서 손조차 댈 수 없다고 침착하게 알려주었는데 너무나 침착하게 말했기 때문에 의사는 심각하지 않다고 생각했습니다. 의사가 그녀의 상태를 면밀히 진찰하고 나서 그녀의 위가 심각한 출혈상태임을 발견할 정도였습니다.

강하게 사띠하면서 진지하게 수행하면 수술의 고통마저도 쉽게 견딜 수 있습니다.

마음의 평화는 자유입니다.

자유는 마음의 평화를 내포합니다.

수다원도(Sotapåtti Magga)를 성취하면 유신견(有身見, Sakkåyaditthi)*

• • •

* 유신견: 존재하고 있는 몸이 영원히 존재한다고 여기는 사견.

에 대한 강한 집착에서 자유롭습니다. 수행자에게 탐욕, 증오, 오만 같은 모든 번뇌 중에서도 유신견이 제일 부담스러운 것입니다. 사띠와 담마의 지혜로 그것을 통제하고 줄여나갈 수 있습니다. 그것은 가장 먼저 뿌리 뽑아야 하는 번뇌라고 할 수 있습니다.

번뇌가 일어나는 것을 알아차리고 침착하려 노력하십시오. 즐거운 느낌, 불쾌한 느낌, 다양한 생각들을 포함한 모든 정신적, 물질적 현상들이 자연법칙 안에 있음을 발견하시기 바랍니다.

지금 이 순간을 깨닫고 있습니다. 알아차리는 순간 일어나서 사라집니다. 이렇게 숙고하는 과정에서 깨닫게 됩니다.

"'나'라고 할 만한 것이 아무것도 없다."

당신이 사띠와 집중으로 통찰 명상의 깊은 부분에 이르면, 통찰지혜(Vipassanā Nāna)가 일어나고 정신적, 물질적 현상의 본질을 꿰뚫고 들어가 모든 조건은 원인과 결과의 과정을 거쳐 만들어짐을 알게 됩니다. 이것은 어떤 것도 통제할 수 없다는 것을 아는 '비아심(非我心, Anatta Citta)'입니다.

무상을 알아가는 과정에서도 이것을 볼 수 있습니다.

고통을 알아가는 과정에서도 이것을 볼 수 있는데, 이것은 담마에 대한 사띠(Dhammānupassanā)입니다. 몸에 대한 사띠(Kāyānupassanā), 느낌에 대한 사띠(Vedanānupassanā), 마음에 대한 사띠(Cittānupassanā), 담마에 대한 사띠(Dhammānupassanā)를 통해 통찰지혜가 강하고 성숙해집니다.

초보 명상 수행자는 '나'가 명상을 한다고 생각합니다. 시간이 지나고 반복적으로 명상을 하면서 '아는' 의식이 있다는 것을 알게 되는데 그때 담마가 담마에 대하여 명상한다는 말의 의미를 깨닫게 됩니다. 조건지어진 것이 조건지어진 것을 대상으로 명상하는 것입니다. 그 순간 '나의 담마, 나의 집중, 나의 지혜'라는 개념은 사라지고 아견(Attaditthi) 또는 유신견(Sakkåyaditthi)이 점진적으로 사라질 것입니다.

유신견이 완전히 제거되면 마음에 기쁨이 나타납니다.

시간이 허락하는 한 평화 속에 머무십시오. 마음의 평화만큼 귀중한 것은 없습니다. 마음의 평화가 길수록 마음의 자유도 깁니다.

최상의 도(Maggå), 과(Phala), 지혜(Nanå)도 이 수행을 통하여 성취할 수 있습니다.

당신이 할 수 있다면, 매 순간이 명상의 시간입니다.

당신이 할 수 있다면, 모든 장소가 명상의 장소입니다.

적당한 시간과 장소를 기다릴 필요가 없습니다.

담마와 함께 살지 않는다면,

평화롭고 행복하지 못할 것입니다.

방법은 중요하지 않습니다.

방법이 무엇이든 간에 당신은 바로 지금 이 순간에 궁극의 현실 위에 서야 합니다.

자신에게 맞는 명상을 해야 합니다.

당신이 선택한 방법을 따라 오랜 기간 열정적인 노력을 기울여야 합니다.

가까운 친구들에게 담마의 선물을 주십시오.

당신의 자녀들에게 담마를 유산으로 상속하십시오.

사띠수행을 함으로써 진정한 평화 속에서 살 수 있을 것입니다.
부디 사띠수행의 끝에 이르러 진정한 평화와 행복을 성취하여 여러분
들이 세상에서 가장 행복한 사람들이기를!

3

생사(生死)와 함께 춤을

삶과 죽음을 넘어,
생사와 함께 춤을!

오늘은 미국인 법우와 그가 쓴 책에 대해 이야기하고자 합니다.

금발의 백인인 그는 남아프리카에서 태어나 부유한 환경에서 자랐습니다. 지금은 미국에 살고 있는 그를 나는 샌프란시스코에서 70마일 떨어진 탕푸루 사원에서 처음 만났습니다. 그는 담마에 관심이 많았고 위빠사나 통찰 명상을 하고 있었습니다. 그는 미국에서 비구계를 받았고, 우리는 그를 '담마사미' 스님이라고 불렀습니다.

내가 미국에 머무는 동안 담마사미 스님과 담마에 관해 광범위한 토론을 벌였습니다. 그가 담마의 평화로움을 추구하는 사람이어서인지 토론은 매우 만족스러웠습니다. 그는 물질적으로 부유한 사람이지만 소박하게 살았고, 세속적인 즐거움에는 관심이 별로 없었습니다. 또한 오

랜 기간 담마를 공부하고 수행해왔기 때문에 평화롭고 깊이 있는 사람
이었습니다.

그러나 내가 1984년 미국에서 미얀마로 돌아왔을 무렵에는 서로 연락
이 되었으나 그 후 연락이 끊어졌습니다. 그러던 중 최근에 미국에서
온 스님이 나에게 책을 한 권 주었는데, 그 책의 제목은《붓다의 무릎에
앉아》였습니다. 그 책의 저자 이름과 사진을 본 순간 나는 그가 '담마사
미' 스님임을 알았습니다.

그의 책에 따르면, 그는 자신이 시한부 삶을 살아야 하는 불치병에 걸
린 사실을 알게 되었다고 합니다. 그러나 그는 담마에 자신을 의지하고
수행을 통해 좌절하지 않았으며 법우들의 격려에 책을 썼다고 합니다.

그의 책은 붓다의 생애에서 어떤 사건을 먼저 기술한 후 그 사건과 관련된 자신의 경험과 인생에 대한 의견을 푸는 방식으로 되어 있습니다. 오늘 내가 말하고자 하는 것은 그 책의 마지막 장에 관한 것인데 그 제목은 '생사와 함께 춤을'입니다. 이제 나는 그 책에서 몇 줄을 인용하면서 자세히 그것들을 설명하고자 합니다.

당신 자신에 의지하라.
당신 자신을 피난처로 삼아라

80세 되던 해에 붓다는 아난다에게 자신이 열반에 들 것이라는 사실을 알렸습니다. 아난다는 슬픔에 젖었습니다. 그는 다른 비구들에게 이를 전하면서 소리내어 통곡했습니다.

"아! 깨달은 분은 곧 열반에 들 것이다. 나는 아직 배울 것이 많은 데…. 나에게 그리도 친절하였던 그분이 머지않아 사라질 것이다."

붓다보다 며칠 늦게 태어난 아난다는 붓다와 같은 나이였습니다. 그들은 어린 시절부터 친하게 지내왔습니다. 붓다가 깨달음을 이룬 후 아난다는 붓다에게서 비구계를 받았고, 붓다의 충직한 제자가 되었습니다. 그는 붓다의 심중을 잘 알았으며 명석하고 기억력이 뛰어나 붓다 열반 후 제1회 결집 시에 대중들에게 경(經, Suttanta), 논(論, Abhidhamma), 장(藏, Pitaka)을 암송하기도 했습니다.

그러나 아난다는 수다원도밖에 성취하지 못하여 슬픔을 느꼈던 것입니다.

아난다의 괴로움을 안 붓다는 그를 불러 "충분하다. 아난다" 하고 타일렀습니다.

"슬픔을 멈춰라. 우리의 절친한 친구들을 포함하여 모든 조건지어진 것들은 죽어 사라진다고 내가 여러 번 말하지 않았더냐? 태어난 것은 언젠가는 죽는다. 이것이 사물의 본성이다. 붓다도 예외가 아니다. 아난다여! 부지런하여라. 적절한 노력을 기울여라. 그러면 내가 죽은 후에라도 깨달음을 성취할 것이다."

붓다는 동생인 아난다를 격려한 후 다음과 같은 가장 심오하고 핵심적인 가르침을 설하였습니다.

"자신을 섬으로 삼고, 자신을 피난처로 삼아라. 담마를 섬으로 삼고, 담마를 피난처로 삼아라. 다른 피난처를 구하지 말라."

배가 난파되어 바다의 거대한 파도와 싸워 정신적 육체적으로 탈진했을 때, 배가 섬에 닿게 되면 안전함을 느끼고 휴식을 취하게 됩니다.

"자신에 의지하라. 자신을 피난처로 삼아라."

이것은 매우 중요하고 의미심장합니다. 다른 종교에서는 구세주와 창

조자에 의존합니다. 대부분 종교지도자들은 추종자들이 자신에게 의지하게 합니다. 그들은 추종자들이 자신에게 의지하고 그의 판단과 선택에 엄격하게 따르기를 원합니다. 그의 추종자들이 자신에게 의존하도록 놔두지 않습니다.

사람들은 절망 상태에 놓이면 피난처를 찾습니다. 그러나 대부분 사람들은 피난처를 밖에서 찾습니다. 하지만 지성적인 사람은 밖에서 피난처를 찾지 않습니다. 영적인 존재에 존경을 표하거나 부적을 지니는 행위들은 어리석은 사람들의 특징입니다. 그들은 자신이 의지할 만한 피난처가 내부에 없기 때문에 밖에서 피난처를 찾는 것입니다.

그러나 명상을 하는 사람은 절망상태에 놓여도 결코 낙담하지 않습니다. 지성적인 사람일수록 내부에서 피난처를 찾습니다.

" 담마를 섬으로 삼으십시오. **"**

담마를 모르는 사람들은 혼돈 속에서 방황하며 길을 잃습니다. 한밤중에 바다 한가운데서 파도에 휩쓸려 떠다니는 것처럼, 그들은 불확실한 지식과 믿음에 의지하다가 상황이 변하면 그 믿음도 바꿉니다. 따라서 그가 추구하는 이념과 사고는 혼란스러움만 키웁니다. 그들은 감각적 쾌락에서 만족을 얻을 수 있다고 생각하며 뒤쫓습니다.

그러나 담마를 아는 사람은 더 이상 그러한 것들을 뒤쫓지 않습니다.

모든 정신적, 물질적 현상들은 조건지어진 것이고 통제가 불가능합니다. 그것은 자연적인 순환과정 속에서 각각 원인과 결과가 됩니다. 그것은 조건지어진 원인들에 의존하여 일어나고 사라지기 때문에 의존할 만한 것이 되지 못합니다.

담마는 절대 진리이며 궁극적 현실인 실존적인 현상입니다. 그것은 철학적 또는 합리적 사고에 의한 지식이 아닙니다. 어떠한 것도 그것에 영향을 주지 못합니다. 그것은 자연적인 현상이며 원인과 결과입니다.

담마에 대한 완전한 이해를 가진 사람은 자기 자신과 담마에 자신을 의지합니다. 그는 결코 다른 것들에 의존하지 않으며 '주의'나 '철학'을 추구하지도 않습니다.

담마를 당신의 피난처로 삼으십시오.
담마 안에서 자신의 피난처를 구하십시오. 그러면 당신은 위험과 슬픔으로부터 자유로워질 것입니다. 오로지 담마만이 당신이 의지해야 하는 것입니다.

담마사미 스님은 시한부 삶을 살고 있었습니다. 그는 '죽음에 대비하라'고 말했습니다.

"나는 모든 방면에서 죽음을 준비해야겠다는 강한 충동을 느꼈습니다. 내 인생에서 해결되지 않고, 계획되지 않고, 정해지지 않은 모든 것들이 매우 부담스럽게 여겨졌습니다."

사람들은 계획되지 않은 일들, 해결되지 않은 문제들과 정해지지 않은 일들을 가지고 있습니다.

어떤 아이들은 태어나는 순간부터 부모의 사랑과 인정을 받지 못하고 방치됩니다. 또한 자신이 부모에게 잘못해서 부모가 자신을 사랑하지 않거나 관심을 두지 않는다고 여깁니다. 결혼한 사람들 중에도 배우자가 자신을 사랑하지 않고 돌보지 않으며 업신여긴다고 느끼는 사람들이 많습니다.

심리학적으로 그들은 모두 병에 걸린 것입니다. 이 경우에 그들의 마음은 무겁고 힘듭니다. 이러한 것들을 정리하지 않는다면 죽음의 순간에도 고통을 받게 됩니다.

이 모든 실수와 어려운 현실을 있는 그대로 받아들임으로써, 강한 의지력과 이해력으로 이것들을 해결할 수 있습니다. 그러면 당신의 마음은 가벼워질 것입니다.

자신이 죽음으로부터 멀리 떨어져 있다고 생각하는 사람들도 마찬가지입니다. 우선 모든 문제들을 해결하고, 주변 사람들과 잘 사귀어야 합니다. 그래야 모든 일들을 전력을 다하여 할 수 있습니다.

명상을 하는 것은 중요한 일입니다. 당신이 명상을 시작하기 전에 가장 먼저 해야 할 일은 좋지 않은 관계를 정리하는 것입니다. 그것은 마음을 피곤하고 부담스럽게 하기 때문입니다.

"여러 번에 걸쳐, 여러 방면에서 나는 죽음을 충분히 준비한 후 '그러한 준비로부터' 살아가리라고 생각했습니다."

이것은 숙고할 만합니다.

"…그러한 준비로부터 살아가리라."

현실적으로 할 일들이 많았습니다. 그러나 나는 단출한 주거지에 정착하였습니다. 그리고 사랑하는 친구들에 둘러싸였습니다.

그는 장식을 하지 않고 살았습니다. 그는 아픈 사람이었으므로 무리하지 않도록 조심했습니다. 누군가의 도움을 받아야 했고 혼자서는 아무것도 할 수 없었습니다. 만일 그가 단순하게 살지 않고 많은 것을 소유했더라면 문제가 되었을 것입니다. 단순한 삶은 인생에서 매우 유용한 것입니다.

어떤 사람들은 부유하고 거창한 삶의 방식을 자랑합니다. 그들은 다양한 쾌락을 즐기면서 귀중한 시간을 보내지만 정신은 성숙되지 못합니다. 그들은 세상의 어려운 조건들과 대면하게 되면 견뎌내지 못합니다.

담마사미 스님은 그의 삶의 방식을 과장하지 않고 단순하게 살았습니다. 그의 곁에는 그의 부와 재산을 부러워하는 사람들이 아니라 오로지 그를 진정으로 사랑하는 친구들이 함께 있었습니다.

재산과 지위에 경의를 표하며 당신을 따르는 사람들은 당신에게 정신적인 행복과 평화를 가져다줄 수 없습니다.

"나는 변호사를 통해 유언장과 다른 법적 서류들을 재작성하고, 언젠가는 내 재산을 처리할 사람들에게 도움이 되도록 개인사들을 조심스럽게 정리했습니다.

나는 죽음, 생명의 유지와 연장에 대한 소망과 우선순위에 대하여 친구들, 가족들과 계속 토론했습니다."

그는 자신의 죽음을 감추려 하지 않았습니다. 오히려 진실하게 자신의 죽음에 대해 다른 사람들과 상의했습니다. 그는 기백을 잃지 않았고 할 수 있는 한 자신을 돌보았습니다.

이것은 매우 중요합니다. 그가 삶을 체념하고 침대에 누워 있었다면 곧 죽음에 이르렀을 것입니다. 그러나 그는 자신이 죽는다는 사실을 알면서도 체계적으로 죽음을 준비했습니다. 죽음을 준비하는 동안 그는 침착하고 의미 있는 삶을 살았습니다. 이는 좋은 본보기입니다. 이것은 심오한 지혜와 성숙된 정신의 결과입니다.

"죽은 후에 나의 유골은 내가 살아왔던 아프리카와 미국이라는 두 정신적 고향의 땅 위에 뿌려질 것입니다."

그는 계속합니다.

"죽음을 준비하리라는 계획을 시작하자마자 효과는 놀라웠습니다.
우울함보다는 홀가분함과 구원의 느낌을 가져다주었습니다."

피할 수 없는 것을 회피하려 할 때 마음은 지치고 피곤해집니다. 반대로 아무것도 하지 않는다면 마음은 새장 속의 새처럼 갇히게 됩니다.
현실을 인정하고 용감하게 지혜로 문제를 해결하여야 합니다. 그렇게 함으로써 마음은 안정을 찾게 됩니다.
침착하고 냉정한 마음으로 죽음을 맞이하는 사람이 성공적으로 산 사람이라고 말할 수 있습니다.

단순한 마음, 진정한 자비심

> 66 누구나 죽음에 대하여 알고 있다고 생각하지만 99
> 실제로는 모르고 있습니다

"삶의 매 조각들이 해체되어 떨어질 때마다 나는 조금씩 행복의 편안함 속으로 미끄러져 들어갑니다. 죽음을 준비하는 이 과정을 시작하기까지 그저 오래 기다리지 않았기를 원합니다.
죽음을 준비하는 순간들은 나의 인간관계에 영향을 줍니다. 나의 어머니 아델라이데와 내가 공유하는 현실은 우리가 죽을 운명이라는 사실을 아는 것입니다."

누구나 죽음에 대하여 알고 있다고 하지만 실제로는 모릅니다. 그들이 정말로 죽음에 대해 안다면 지금과 같은 삶을 살지는 않을 것입니다. 지금처럼 사소한 일로 인해 서로를 적대시하지 않을 것입니다. 또한 감각적 쾌락을 좇으며 그들의 시간을 낭비하지 않을 것입니다. 그들이 진실로 죽음에 대해 안다면 인생의 시간을 낭비하지 않고 가장 귀중한 일에 사용할 것입니다.

"어머니와 나는 죽음에 대한 생각, 공포와 희망을 더욱더 공유할 수 있게 됩니다. 이것은 우리의 사랑과 애정을 더욱 깊게 만듭니다."

솔직한 대화 없이는 친밀한 우정도 없습니다. 친밀한 우정이 없다면 서로에 대한 이해도 없습니다.

"우정에 대해서는 '아직 정리하지 못한 것이 아닌가?'라는 의문이 자주 듭니다. 내가 친구들에게 "안녕!"이라고 말할 때 거기에는 그들을 다시 볼 것이라는 기약이 없습니다. 멀리 사는 친구들에 대해서는 더욱 그렇습니다. 함께 있는 시간의 선물이 예전보다 더욱 귀하게 느껴집니다."

언젠가는 죽는다고 생각하지 않은 채 항상 함께 지내는 사람들끼리는 함께 있는 시간의 선물을 귀중히 여기지 않습니다. 그러나 죽음에 임박하였음을 아는 사람들에게는 함께 있는 매 초, 매 분, 매 시간, 매일이 너무나 귀중한 선물이어서 이를 가볍게 보낼 수가 없습니다.

나는 이 시간들이 우리가 함께 하는 마지막 순간들로 여기게 되어 아직 말하지 못한 모든 것들을 표현하게 됩니다.

자신이 죽음에 임박하였음을 알고 매 시간을 가치 있게 여기면서 그는
더 이상 피상적으로 말하지 않고 가식 없는 말을 하기 원합니다.
어떤 가정에서는 가족끼리도 서로 대화하지 않습니다. 각자의 방에서
따로 지내고 그들의 언어는 매우 오만하여 서로에게 상처를 줍니다. 그
들의 가정에는 사랑이 없습니다. 이해와 미소도 없습니다. 각자가 외로
운 인생을 살고 있습니다. 서로에게 인생의 친구가 될 수 없습니다.

"요즘 나는 사람들과의 관계에서 무엇이 진실하고 솔직한 것인지
더욱 잘 판별할 수 있게 되었습니다."

당신이 단순한 마음가짐으로 진실하게 사람들을 대하면, 누가 정직한
지, 누가 부정직한지, 누가 가장하는지 알게 됩니다. 특히 수행을 하는
사람들은 이것을 쉽게 알 수 있습니다.
일반적으로 대부분의 사람들은 가식과 허세를 부립니다.

"그토록 오랫동안 나를 힘들게 하고 고립시켜놓았던 죽음의 공포
로부터 자유로워져 나는 이제 진실로 우정을 귀중히 여기고 마음
에서 더욱 우정이 자라게 합니다. 우정은 내 인생에서 가장 큰 행
복이 되었습니다."

사람들은 서로 사이좋게 지내기를 원하지만 한편으로는 그렇게 되는

것에 두려움을 느낍니다. 그들은 친구로부터 멀어지거나 우정에 집착하거나 우정이 퇴색하는 것을 원치 않기 때문에 두려워합니다. 이것은 어떤 면에서 자신을 해체하는 것과 같습니다.

담마사미 스님에게는 이러한 두려움이 없습니다.

그는 진심으로 우정을 귀중히 여기고 고마워했습니다. 그의 남은 인생에서 우정은 가장 큰 행복입니다.

서로에 대한 관심과 진정한 자비심은 위대한 행복을 위한 핵심적인 요소입니다.

물질적 소유물과 감각적 즐거움은 정신적 행복을 주지 않습니다. 사람이 젊고 건강할 때는 이것을 잘 모릅니다. 하지만 시한부 인생을 사는 사람은 진정한 사랑과 우정을 귀하게 여깁니다.

조건적인 사랑은 구속입니다 "

"이젠 놓아버리는 것도 수월하게 느껴집니다. 사람들을 떠나보내는
것이 이제 내게 더 이상 두렵거나 무서운 일이 아닙니다."
"나는 사람들과 오고가며 얻게 되는 즐거움과 우정에 대해 감사합
니다."

이것은 마음의 자유에 바탕을 둔 인간관계입니다. 거기에는 서로의 구
속이 없습니다. 이것은 넓고 푸른 하늘과 같습니다.
조건적인 사랑은 구속입니다.
조건적인 사랑은 서로에 대한 집착입니다. 집착은 사랑이 아닙니다.

"나는 남은 시간을 경이로운 느낌으로 살려고 노력합니다."

그는 질병으로 고통 받고 있고 의사들은 그가 5년 정도 밖에 살 수 없
다고 말했지만 10년이 지난 지금도 이 세상에 살고 있습니다.

죽음에 대해 준비되어 있어야 합니다. 절망이나 실망감이 있어서는 안 됩니다. 담마의 지혜로 마음의 평화를 이루어야 합니다.

놓으십시오. 놓으십시오.
어떤 것에도 집착하지 마십시오

> **올바른 삶의 방식은**
> **희망과 현실 간의 균형 속에 살아가는 것입니다**

이 세상에서 올바른 삶의 방식은 희망과 현실 사이에서 균형을 잡고 살아가는 것입니다.

"나는 내 마음이 청정한 상태에서 죽고 싶어 한다는 사실을 알고 있습니다. 이것은 매우 중요하게 느껴집니다."

죽어가는 동안 사띠하면서 육체와 정신 안에서 일어나는 것을 통찰하면서 죽는 것은 경이롭습니다.

그러나 오랜 기간 수행하지 않은 사람이 그렇게 한다는 것은 불가능하다. 매순간 사띠하는 것은 죽기 전에 가장 행복한 삶의 방법이며 죽음의 순간에도 가장 좋은 방법입니다.

죽음의 순간에도 사띠 속에서 머무르십시오. 육체 안에서 일어나는 정신적인 현상을 알고 무아를 깨닫고 죽는 것은 매우 이롭습니다. 자아의 이기적인 견해 속에 죽는 것은 안타까운 일입니다.

"우리가 명상하는 모든 순간, 우리가 현재의 진실로 돌아가는 매 순간, 우리는 죽음을 준비하는 것입니다."

정신적 물질적 현상들의 있는 그대로의 모습, 무상하고, 고통스럽고, 통제할 수 없고, 불확실한 본질을 깨달으면 사랑이나 증오, 기쁨이나 슬픔 어느 쪽에도 치우치지 않는 마음의 평정이 일어납니다. 수행자는 그의 일생 동안 마음의 평정과 함께 살아갑니다. 죽음에 직면해도 그는 마음의 평정과 함께 죽을 것입니다. 이것은 삶과 죽음에서 가장 고귀한 것입니다.

> 놓으십시오. 놓으십시오.
> 어떤 것에도 집착하지 마십시오

어떤 사람들은 죽는 순간에 이전의 좋은 행위를 기억해야 한다고 말합니다. 이는 좋은 일이지만 최선은 아닙니다. 여기에는 아직 '내가 이전에 좋은 행위를 했다'고 생각하는 '나'에 대한 집착이 남아 있기 때문입니다.

"죽음의 순간에 나는 나의 죽음을 받아들이고 평화로울 수 있는 친구들과 함께 하고 싶습니다. 나는 내가 죽음의 길을 걷는 데 있어, 나로 하여금 방하착(放下着)*할 것을 상기시켜줄 누군가가 있었으면 합니다.
놓으십시오. 놓으십시오. 내려놓으십시오. 어떤 것에도 집착하지 마십시오."

· · ·

* 방하착(放下着) : 내려 놓으라는 말..

죽어가는 사람 곁에서 통곡하거나 세상일에 대하여 떠벌리는 것은 좋지 않습니다. 그가 세상일을 듣고, 사악한 생각을 할 수도 있기 때문입니다. 차라리 그가 담마에 대하여 숙고하도록 도와주는 편이 낫습니다.

"진정한 받아들임은 나의 무모한 꿈보다 넓고 광범위한 상태입니다. 나는 내가 상상할 수 있었던 것보다 훨씬 많은 삶과 자신에 대한 여러 측면들을 받아들였습니다."

진실을 받아들이고 자신에게 단순해지는 것은 매우 중요합니다. 이때 현실적으로 일어나는 사실을 받아들여야 합니다.

행복하지 않으면서 행복한 것처럼 자신과 타인을 속이는 것은 마음의 힘을 갉아먹는 모순입니다. 이것은 마음의 자유와 청정한 지혜에 아무런 도움이 되지 않습니다.

어떤 가식이나 가장도 없이 참되고 현실적인 인생을 살고, 있는 그대로의 진실을 알면서 죽는다는 것은 심오하고 어려운 일입니다.

대부분 사람들에게 진정한 진실은 존재하지 않습니다. 진정한 사랑은 없고 가식만이 존재합니다. 이기적인 생각에서 가식이 생겨납니다. 담마에 대해 강한 믿음을 가진 사람은 매우 드뭅니다. 현대를 살면서 시간을 내어 담마를 공부하는 사람도 희귀합니다.

진정 가치 있는 것은 무엇입니까? 사람들은 돈, 명예, 지위, 즐거움과 쾌락을 위하여 자신을 팝니다. 담마사미 스님은 이것들을 추구하지 않았습니다. 그는 오랫동안 사띠 수행을 하면서 살았기에 모든 것을 이해하고 꿰뚫을 수 있었습니다.

"약을 먹을 때는 항상 감사하는 마음을 가집니다. 비타민과 치료제를 먹기 전에 잠시 동안 감사의 마음을 가진 후 사띠하며 이것들을 먹습니다."

인생의 가치를 깨달은 사람은 그의 인생과 부합되는 것이 무엇인지 깊이 느끼고 볼 수 있습니다. 그는 자신을 돕는 모든 것에 대해 깊은 감사를 표합니다.

마음이 맑아질수록 더욱 깊은 감사를 느낄 수 있습니다.

다른 사람들에게 감사를 느끼는 것은 마음을 풍요롭고 건강하게 하지만 감사하지 못함은 마음에 빈곤과 건강하지 못함을 줍니다.

어떤 사람들은 부모나 스승처럼 큰 감사를 받을 만한 사람조차 알아보지 못합니다. 감사할 줄 모르는 사람은 지혜를 가진 자가 되지 못합니다. 이기적이고 오만한 사람들은 감사함을 느끼지 않습니다. 감사하지 않는 마음이 있다면 그 순간의 태도를 면밀히 관찰해보십시오. 당신이 그것을 알아차리지 못하면 감사하지 않는 마음이 주위의 친구들을 빼앗아 갈 것입니다.

감사할 줄 아는 사람들의 주변에는 좋은 친구들로 가득 차 있습니다. 그들이 역경에 처하면 그들을 도와 줄 사람들은 많습니다. 좋은 친구들을 원한다면 감사하는 법을 배우십시오!

"약을 먹기 전에 나는 약을 면밀히 살핀 다음 손 안에서 그것을 느
끼고 감사를 표한 후 희망을 말하거나 기도합니다.
나는 상호 연관된 거대한 인연의 사슬과 하나의 약 뒤에 숨어 있
는 사랑에 대하여 명상합니다."

한 알의 약을 생산하기 위해서는 많은 전문가들이 수년간 실험을 합니
다. 단순한 추론과 의견만으로 그것을 생산할 수는 없습니다. 그것이
잘못되기라도 한다면 많은 사람들을 해치기 때문입니다. 의약품 공장
을 건설하고, 다양한 경로를 통하여 의약품을 배포합니다. 많은 것들은
서로 연기되어 있습니다.

사람들은 병으로 고통 받고 약품이 부족해서 죽어갑니다. 한 알의 약은
그것을 필요로 하는 환자에게는 매우 중요한 것입니다. 약을 먹을 때마
다 그것이 어떻게 생산되고 판매되어 환자의 손에까지 들어왔는지 숙
고하여야 합니다. 그리고 그것을 생산하고 배포한 사람들을 위해 자비
심을 보내십시오.

다음과 같이 생각해서는 안 됩니다.

"내 돈을 지불하고 그것을 샀는데, 도대체 내가 왜 그들에게 감사를
표시해야 하는가?"
모든 것을 항상 돈으로 재는 사람의 인생은 저급하고 하루하루 그 인생
의 가치가 떨어질 것입니다.

"약을 먹는 일은 내 인생에서 신성한 의식입니다."

고귀한 마음은 좋은 태도에서 나옵니다.

음식을 먹거나 물을 마시는 태도가 바르면, 그것은 수행이 될 것입니다. 사띠는 매우 중요합니다. 사띠하지 않고 주의하지 않는 사람은 고귀한 태도를 기를 수 없습니다. 값싼 쾌락을 즐기고 시간을 낭비한다면 고귀하고 심오한 인생에 이를 수 없습니다.

인생은 고귀한 마음을 가질 때 만족합니다. 사띠하며 걸음을 내딛는 것은 고귀한 수행입니다. 쌀 한 줌을 움켜쥐는 것도 마찬가지입니다.

하루의 모든 일들을 사띠와 함께하십시오. 처음에는 그것이 힘들 것입니다. 그러나 시도하고 또 시도하시길 바랍니다.

만족한 인생을 살아가길 원한다면 당신이 하는 일을 고귀하고 위대하게 만드십시오.

당신이 부정적인 견해를 취한다면 정신적인 힘은 작아질 것입니다. 정신은 저열해지고 우울해져 다른 사람들에게까지 전이될 것입니다.

긍정적인 견해를 취한다면 자신뿐만 아니라 다른 사람들에게까지 이익을 가져다줍니다. 좋은 명상가는 여간해서 우울해하지 않습니다. 그는 악을 대하더라도 선을 이끌어냅니다. 고통스런 경험을 하더라도 그것으로 흔들리지 않습니다. 좋은 것을 대해도 자만하지 않고, 좋지 않은 것을 대해도 실망하지 않습니다.

"지금 내 인생이 한계에 부딪치더라도 나는 상대적으로 안정된 건강과 여전히 존재하는 새로운 가능성들에 대해 깊은 감사를 느낍니다."

그는 스스로 해야 할 일들이 많았지만 환자였기에 마음이 끌리는 대로 행동할 수는 없었습니다. 원하는 모든 것을 먹을 수 없었으며 그 외에도 많은 제한들이 있었습니다. 그러나 그러한 제한들에도 불구하고 현재 상태에 만족했습니다. 그는 그가 할 수 있는 모든 것들에 감사하는 마음을 가졌습니다.

나이가 들수록 우리는 생각한 대로 행하기 어렵습니다. 완전한 건강은 없습니다. 어떤 사람이 잠시라도 완전하게 건강하다고 말한다면 그것은 옳지 않습니다.

담마사미 스님은 인생의 슬픈 사건들 속에서도 긍정적인 태도를 취하며 행복하고 평화롭게 살고 있습니다. 당신도 그처럼 긍정적인 태도를 가질 수 있습니다. 항상 선한 것을 추구하고 선한 행동을 하십시오. 수행을 실행하십시오!

깨달은 사람은 모든 것에 대해
깊은 감사를 느낍니다

> ❝　　무엇을 가졌던, 만족하는 사람은　❞
>
> 아무도 없습니다. 절제된 인생을 사십시오

원하는 것이 무엇이든 그것에 만족하는 사람은 드뭅니다. 이것이 인생의 본질입니다.

준비된 인생을 사십시오.

깊은 지혜를 수반한 경험은 매우 값집니다.

우리가 모든 주의력을 기울여 노력하면 불가능도 가능한 일이 됩니다.

그리하여 어려움은 전보다 더 나은 가치를 생산하고 정신적 태도를 심화시키며 고귀한 마음을 낳을 것입니다.

　　"사랑이 고통스러운 마음 안에 머문다는 사실을, 나는 그 어느 때보다 더 깊이 알게 됩니다."

그는 시한부 인생을 살고 있다는 것을 알고 있었기 때문에 감각적인 즐거움에서 벗어나 있었습니다.

그는 담마에 대해 숙고하였으므로 사회적 지위와 경쟁은 중요하게 여기지 않았습니다. 다만 죽기 전에 인연 있는 사람들을 잠시라도 보기를 원했습니다.

그는 이기적이지도 오만하지도 않았기 때문에 다른 사람들로부터 무언가를 기대하지 않고 순수한 태도로 대했습니다.

> 경쟁과 분노를 넘어
> 자비와 감사의 마음으로

사회적 관계는 불순한 기대감들의 지배를 받습니다. 기대감이 충족되지 않게 되면 분노가 일어납니다. 또한 경쟁심이 커지면 자비심은 존재하지 않게 됩니다.

경쟁이 있는 곳에서 사람들의 관계는 솔직하고 단순해질 수 없습니다. 이러한 기대감은 떠났을 때 인간의 관계는 진정한 의미를 갖고 자비가 나타납니다. 사회적인 관계에서는 어떤 것을 기대하지 않는 것은 힘듭니다. 기대감 없이 달성하는 것은 어려운 일입니다.

   "명상을 배우고 명상수행이 오랜 세월 동안 내 인생과 함께 한 것
   에 대해 깊은 감사를 느낍니다."

세속적 문제들에 용기를 가지고 맞서야 한다고 말하기란 쉽습니다. 더구나그대로 행동하기는 더더욱 쉽지 않습니다. 세속적인 문제로 정신적 육체적인 고통을 만나게 될 때 그것들을 명상의 주제로 삼아 냉정하

166 붓다의 무릎에 앉아

고 침착해지면 고통으로부터 자유로워질 것입니다.

당신은 정신적 고통을 이겨낼 수 있습니다. 그러면 당신은 담마의 가치와 고마움을 알게 될 것이고, 담마를 떠나서 살 수 없습니다. 이것은 육체적 고통을 겪는 사람도 마찬가지입니다. 진통제를 먹으면 통증이 가라앉기 때문에 아픈 이가 그 약의 고마움과 가치를 아는 것과 같습니다.

"저녁에 어머니 집 주변 언덕을 걸으면서 나는 기쁨과 감사로부터
우러나오는 황홀감과 함께 꽃들의 향기를 들이마십니다."

감사할 줄 아는 사람에게는 감사할 만한 것들이 도처에 널려 있습니다.
즐거운 사람에게는 사방에 즐거운 것들이 넘쳐납니다.
사람들은 얻을 수 없고 할 수 없는 것을 생각하며 "나는 매우 불행하다.
나는 이것도 저것도 이룰 수 없다"고 말합니다. 그런 사람들은 꽃의 향
기를 알아채거나 꽃에 대해 감사할 수 없습니다.
수행자에게 이러한 상념들은 바람직하지 못하다고 할지도 모릅니다.
그러나 그렇지 않습니다. 만물의 가치를 알고 만족하며 감사하는 정신
적 태도는 인생을 의미 있게 만듭니다. 고귀한 마음가짐은 그런 것들
속에 굳게 자리 잡습니다.
모든 것은 마음이 만듭니다. 마음이 바뀌면 온 세상이 바뀝니다. 그렇
기 때문에 올바른 태도와 올바른 의도를 유지해야 합니다.

성취하는 것보다 이해하는 것이 필요합니다. '이해'가 '소유'보다 귀중합니다. 대부분의 사람들은 '이해'보다 '소유'에 우선순위를 두기 때문에 불행을 느낍니다. 이해가 없는 사람은 소유하더라도 불행해집니다.

"가끔은 빌린 것처럼 느껴지는 삶의 시간 속에서 걸음 하나, 풍경 하나, 새 울음소리를 듣는 것도 감사하게 받아들입니다."

행복한 기분으로 매일을 살아가는 것이 중요합니다.
"오! 내가 오늘도 살아 있다! 좀 더 많은 선행을 할 수 있는 황금 같은 기회이고 그런 시간이 또 다시 내게 주어졌다."
담마사미 스님이 할 수 있는 '일'은 '돈벌이'를 의미하지 않습니다. 침대에 누워 있는 동안에도 코끝에 스치는 공기의 감촉을 알아차리거나, 몸의 부위가 침대에 닿는 감촉을 알아차리거나, 일어나는 느낌을 사띠하거나 생각, 소리 등을 사띠하면서 수행할 수 있는 것을 의미합니다. 주위의 모든 것들에 감사하면서 시간을 황금 같이 사용하면서 살아간다면 남은 인생은 얼마나 아름답고 유익하겠습니까!
대부분 사람들은 사띠를 하지 않고 부주의하게 살기 때문에 감사할 줄 모릅니다. 그들은 자신 곁에는 특별한 것이 아무것도 없다고 생각합니다. 그러나 보거나 듣거나 행하는 것들을 사띠하면서 생각이 바뀝니다.

"지난해에 오고 간 많은 난관들 속에서도, 어린아이와 같은 흥분과 호기심, 기쁨이 천천히 내 인생에 나타났습니다. 이것은 가장 좋은 약처럼 느껴졌습니다. 확실한 것은, 이러한 느낌들이 육체석 고통과는 별개로 나타나는 것이라는 사실입니다."

불치병으로 언제 죽을지도 모르는 사람이 이러한 평화와 행복을 즐긴다는 것은 얼마나 놀랍고도 기이합니까!

최근에 두세 명의 대학동기들이 나를 찾아왔습니다. 그들은 높은 지위의 공무원들이어서 의무감과 압박감으로 항상 분주합니다. 나는 그들의 공직생활에 대해서 할 말이 많았지만 그것에 대하여 언급하지 않았습니다. 그들 중 한 명이 "내 인생에 고통은 없다"고 말했습니다. 그것은 헛된 자랑처럼 들렸으나 결코 그렇지가 않았습니다! 그는 사띠수행 속에 살아가며 실제로 행복하고 평화로웠습니다. 그는 다투지 않습니다. 그에게도 어려운 고통이 있으나 자신을 행복하고 평화롭게 꾸려나갈 수 있었습니다.

"죽음을 준비하는 이 여행이 시작된 곳에서 새로운 열정과 흥미가 명상수행 중에 피어났습니다.
진정한 사띠는 내가 나에게 선물하는 깊고 순수한 애정의 표현이 되었습니다."

담마와 함께 하는 사람은 결코 다른 사람들을 고통스럽게 하지 않습니다. 그는 스스로 행복하고 평화롭기 때문에 다른 사람들도 자신과 같이 되기를 원합니다. 다른 사람들을 불행하고 고통스럽게 하는 사람들은 사실 자신이 불행하고 고통스럽기 때문입니다. 이것은 부모와 자식, 남편과 아내, 상사와 부하 등 사이에서도 마찬가지입니다.
자신이 행복하고 평화로울 때 다른 사람들을 행복하고 평화롭게 할 수 있습니다. 이것은 선한 마음의 가장 깊은 곳으로부터 우러나오는 자비입니다.

사람들은 원하는 것을 얻으면 좋아합니다. 명예를 얻으면 좋아하고, 장사가 잘 되면 좋아합니다. 그러나 그것이 얼마나 오래 갈 수 있을까요? 그것은 순간적인 것입니다. 나는 그들이 담마와 함께 사띠하면서 살기를 원합니다.

> "사띠는 인생의 굴곡에서 방황할 때, 인생의 행복과 감사의 마음을 밝혀주는 등불과 같습니다."

인생에서 행복하거나 불행한 사건은 순간적인 것입니다. 담마사미 스님은 "나는 매우 불운하다" 하고 생각하지 않습니다. 그는 모든 것을 받아들입니다.

그는 할 수 있는 만큼 행하고,

그는 집착이 적습니다.

그에게는 적이 없습니다.

그는 다른 사람들을 비난하지 않습니다.

이제 그는 어떠한 구속으로부터도 완전히 자유롭다.

> "나는 내 인생에 있어 이전보다 훨씬 행복하고 평화롭습니다."

이렇게 사는 것은 매우 중요합니다. 모든 사람들이 그렇게 살기 위해 노력해야 합니다. 그가 어려움 속에서도 그렇게 했듯이 모든 사람들도 할 수 있습니다.

담마와 사띠의 힘으로 세상의 모든 일들을 용기 있게 대하십시오.

나는 좋은 시절에 행복감에만 도취되어 있는 사람들에게 동정심을 느낍니다. 그들에게 참을 수 없는 상황이 닥친다면 과연 어떻게 할 것입니까?

사띠하지 않고 망각 속에서 부주의하게 살지 마십시오. 미래를 준비하시길 바랍니다.

　모두 깊은 지혜와 고귀한 태도를 갖게 되기를!

　그리고 붓다의 담마 안에서 행복하고 평화롭기를!

4

인생은 학교다

인간을 위한 법칙

당신은 인간으로 태어나게 될 것이다.

인간 몸을 받을 것이다. 당신이 그 몸을 좋아하든지 싫어하든지 몸을

받을 것이다.

당신은 수업을 받을 것이다.

실패는 없다.

수업은 배울 때까지 반복된다.

배움의 과정은 끝나지 않는다.

여기보다 더 나은 저 곳은 없다.

다른 사람들은 당신의 거울이다.

어떤 인생을 만들지는 당신에게 달려있다.

당신의 답은 당신 안에 있다.

당신은 이것을 잊을 것이다.

아주 오래된 아름다운 시 한 편이 있습니다.

친구들은 내가 시를 좋아한다는 걸 알고 있기에, 아름다운 시를 발견할 때마다 그것을 내게 보내줍니다. 그러면 나는 그 시들을 읽고 음미합니다. 반복해서 읽으면서 더 깊은 의미를 발견하게 되고, 더욱 더 흥미를 갖게 됩니다.

평화로운 상태에서 붓다의 가르침을 읽을 때면, 짧은 게송이나 하나의 단어나 문장에서 매우 깊이 있게 느끼게 됩니다. 그러면 더 이상 말이 아니라 실재(reality)가 됩니다.

수행자는 수행을 하면 마음이 평화롭고 차분한 상태에 이른다는 것을 알고 있습니다. 수행을 하면서 마음이 균형 잡히고 평정심을 경험한 사람은—차분함, 평화, 또는 평정심—이런 단어를 보기만 해도 그 즉시, 자신의 마음이 단어가 주는 마음상태에 놓이게 되는 것을 알 수 있을 것입니다. 이처럼 글을 읽을 때도 그것을 느낍니다. 느낌과 말의 의미가 조율됩니다.

당신이 붓다의 가르침에 깊이 다가가길 원한다면, 그 의미를 알아야합니다. 마음과 가슴을 그 말의 의미에 조율시켜야 합니다. 그러면 느낄 수 있습니다.

나는 말을 느낍니다. 무언가를 읽을 때, 단지 읽지 않고 느낍니다. 그러면 그것은 나에게 실재(reality)가 됩니다. 말은 무언가를 나타냅니다. 그 무언가가 실재입니다. 그것이 의미입니다.

말은 표현일 뿐입니다. 붓다의 형상을 예로 들면 그 형상이 반영하는 것을 보고, 형상 너머에 다다랐을 때, 그 형상이 의미하는 것을 알게 됩니다. 평화와 자유, 지혜와 자비, 무한한 사랑을 표현하고 있는데 놀랍습니다

강조하고 싶은 것은, 무언가를 들을 때, 그 말을 넘어서라는 것입니다. 그 말 너머의 깊은 의미에 접촉하십시오. 이 세상의 모든 것은 숨은 의미를 가지고 있습니다. 그 숨겨진 의미를 알기 위해 더 깊이 접촉하십시오.

너는 인간의 몸을 받을 것이다

누가 이 시를 지었는지는 알 수 없지만, 매우 오래된 시입니다.
시의 제목이 매우 흥미롭습니다.

'인간을 위한 법칙'

인간을 위한 법칙? 무엇이 알아야 할 법칙일까요?
우리는 인간입니다. 우리가 살아가는 데는 규칙들이 필요합니다. 이 법
칙이 무엇이며, 무엇을 표현하고 있는 걸까요?

이 시를 쓴 사람은 현자임이 틀림없습니다.
나는 시를 읽으면서 이 시의 문맥을 이해하려 애썼고, 한 사람이 다른
어떤 존재에게 조언하고 있음을 알아냈습니다. 특이한 것은 다른 존재
는 아직 인간은 아니고 인간으로 다시 태어나려 하고 있습니다. 아직
인간 몸을 받기 전, 환생이 진행 중인 존재, 지금 인간의 몸을 받는 중

입니다.

그 존재에게 지혜로운 현자가 인간으로 살기 위해 알아야 할 것을 조언하고 있는데 매우 흥미롭습니다.

마음을 기울이고, 이 시의 의미(reality)에 마음을 모으시기 바랍니다.

당신은 인간으로 태어나게 될 것이다.

인간 몸을 받을 것이다.

당신이 그 몸을 좋아하든지 싫어하든지 몸을 받을 것이다.

매우 흥미롭습니다!

사람들은 자기에게 만족하기도 하지만 자신에게 만족하지 않습니다.

늙어갈수록 자신의 육체를 좋아하지 않습니다.

　"내가 늙었구나. 젊어지고 싶어. 이제 이 몸을 좋아하지 않아."

그러나 그 몸을 좋아하던지 싫어하던지 간에, 그 몸은 당신의 것이 될

것입니다.

　"그것은 당신의 것이 될 것이다."

이 말의 의미를 깊이 생각해 봅니다. 우리는 이런 모습의 몸을 이번 생

에만 받습니다. 일시적입니다. 그것은 지난 생에 다른 몸을 가지고 있

었음을 의미합니다. 수많은 생에 걸쳐 수많은 몸을...

나는 나의 전생의 일부를 기억하고 있습니다. 매우 흥미롭지요.
전생을 아는 것은 아주 다른 시각을 부여해줍니다. 그리고 나는 전생을
기억하는 사람들을 알고 있습니다. 젊은 시절, 전생을 기억하는 사람과
함께 살았습니다.

출가해서 비구가 되어 5년 정도 되었을 때, 그를 만나서 몇 년간 함께
지냈습니다. 당시 그는 사미였고 지금은 35살쯤 되었습니다.

그는 전생을 기억하는데 그는 바로 이전 생에 여자였습니다. 그는 전생
에 있었던 일들에 감정까지도 세세히 기억하고 있었습니다. 그가 전생
에 대해 말할 때면 당시의 감정이 다시 일기도 했습니다. 이전 생에 그
는 여자였고 자식과 남편도 있었습니다. 남자에게 남편이 있다는 표현
이 그렇군요. 지금은 남자, 전 생에는 여자, 어떻게 말해야 할까요.

그리고 흥미로운 것은 이전 생의 남편과 자식이 지금 살아있다는 것입
니다.

이 사람은 지난 생의 남편과 자식을 아주 자세히 알고 있습니다. 그는
지난 생에 아주 상세한 부분까지 기억합니다. 그래서 어린 시절, 그가

전생에 대해 말을 하니까 그의 부모님은 그 사실에 놀랐고 말하는 것을 저지했습니다. 전생의 가족이 부자인데 그가 무언가를 바란다고 오해할 것이기 때문입니다.

"나는 이전에 당신의 부인이고 어머니이니 전생의 재산에 일정한 권리가 있다. 내 것을 돌려 달라."

그래서 부모는 그를 말렸습니다.

하지만 그는 계속해서 말했습니다.

"집에 가고 싶어요. 전생에 살던 집에 가고 싶어요"

"여기가 네 집이야."

"네, 이곳이 제 집이에요. 하지만 나는 다른 집도 있어요."

부모는 그를 막지 못했고, 결국 그는 전생에 살던 집에 갔습니다. 그는 전생의 집을 느끼고 있었고, 자식과 남편에 집착하고 있었습니다. 이것은 매우 놀라운 사실입니다!

불교의 삼사라(Samsara), 윤회와 이 배경을 이해하지 못하면 이 이야기가 꾸며낸 것이라고 할지도모릅니다. 하지만 아닙니다. 그가 미쳤거나 비정상도 아닙니다.

작년에 그를 다시 만났습니다. 십 대 소년이 삼십 중반이 되었지만 아직 결혼하지 않았고, 어머니를 돌보며 독신으로 살 것이라고 했습니다 나는 전생을 기억하는 사람들에게 매우 관심이 많았기 때문에 그에게 모든 것을 상세히 말해주길 부탁했습니다.

"당신은 어떻게 죽었습니까? 죽을 당시엔 몇 살이었나요?"

그때 나이는 30대 초반이었고 아이를 낳다가 죽었습니다.

그녀가 죽을 때 커다란 고통과 공포 속에 있었습니다.

"내가 죽을 때, 너무 고통스러워서 다시는 여자로 태어나지 않겠다고 혼신을 다해 강하게 다짐했습니다."

"무엇이든 내가 행했던 선행으로 다시 태어난다면 남자로 태어나길…."

선업을 가진 사람이 강력한 열망을 가지면 선업의 힘이 그러한 상황을 가져다 줍니다.

이것을 깊이 이해한다면 우리는 다음 생을 준비할 수 있습니다. 이것은 단지 원한다고 해서 되는 것이 아니고 선행을 행할 때 그렇게 됩니다. 이 진실을 아는 사람들은 이번 생에서 다음 생으로, 생에서 생으로 미래를 발전시킵니다.

누구나 자기의 몸이 좋든 싫든 그 모습으로 이번 생을 살아야 합니다. 인간의 몸을 받은 것에 감사하며 최선을 다해 좋은 일에 사용하십시오.

이번 생의 기회를 통해서 많은 것들을 배울 수 있습니다.

사람들은 대부분 몸을 감각적인 쾌락을 즐기는데 사용합니다. 육체를 혹사하고 마음 또한 학대합니다. 그것은 옳게 행하는 것이 아닙니다.

이번 생에 받은 인간 몸은 이번 생을 위한 것이고 생을 거듭하면서 더 많은 육체들, 새로운 몸들을 갖게 될 것입니다. 다른 피부색, 다른 모습, 다른 크기, 다른 종교, 다른 인종으로 말입니다.

흥미롭지 않나요. 당신이 전생을 기억할 수 있다고 상상해 보십시요. 중국에서 중국 사람으로, 일본에서 일본 사람으로, 아프리카에서 아프리카 사람으로, 유럽, 미국, 인도에서 태어나서 그 나라의 문화와 종교를 가졌을 것입니다.

만일 당신이 모든 생을 기억할 수 있다면 세계를 내 집처럼 느끼고 더 이상 피부색이나 문화가 다르다 해서 무시하거나 차별하지 않을 것입니다. 자신이 전생에 그랬을 수 있고 미래 생에 그럴 수 있다는 것을 생각으로 받아들이는 것만으로도 중요한 의미를 찾을 수 있습니다.

만일 이것을 이해할 수 있다면 당신은 겸손해지고 열리고 사랑할 것이고 더 많이 받아들일 것입니다. 그런 마음으로 모두를 이해하는 삶을 살아가게 될 것이고, 그런 태도는 당신을 보다 행복하게, 자유롭게 할 것입니다.

우리는 자신이 자신을 불행하게 자유롭지 못하게 하고 있습니다. 마음을 넓게, 크게 만드십시오. 모든 일, 모든 이들을 받아들이십시오. 모두는 서로 관련되어 있습니다. 자신은 서로에게 속해있고, 서로는 자신에게 속해있습니다.

'이 나라는 후진국이야. 미개해.'라고 생각하지 마십시오.'미개인들…' 누가 알 수 있을까요? 자신이 다시 미개인으로 태어나게 될지, 누가 알 수 있습니까? 윤회를 바로 알아서 겸손해지는 것은 매우 중요합니다.

배우기 위해, 인간의 몸을 가지고
인간세계에 있는 것입니다

> 66 배우기 위해, 인간의 몸을 가지고 99
> 인간세계에 있는 것입니다

당신은 수업을 받을 것이다.

이것이 지구에 있는 이유입니다. 우리는 배우기 위해 인간의 몸을 받아서 인간세계에 있는 것입니다.

내가 만난 전생을 기억하는 사람들은 이렇게 말했습니다. 어떤 목적을 위해 이곳에 왔습니다. 그들은지난 생부터 무엇을 배우기 위해 강한 동기와 열망을 지니고 있었습니다. 우리는 배우기 위해 이 곳에 있는 것입니다. 이것을 깊이 이해한다면, 삶이 만족스러워짐을 발견하게 될 것입니다. 당신의 삶에서 어느 곳에서나, 누구에게나, 어떤 상황에서도 배울 수 있기 때문입니다. 좋은 경험이건 나쁜 경험이건, 모든 것에는 의미가 있습니다. 그 경험으로부터 무언가를 배울 수 있고 배우는 것이 여기에 있는 이유입니다. 당신이 그러한 태도를 갖는다면 어떤 종류의 경험을 하고 있더라도 흥미로울 것입니다.

'이 경험으로부터 나는 무엇을 배우게 될까!'

절망하지 않고, 무의미함 속에 빠지지도 않게 됩니다. 나에게 가장 고통스러운 경험은 무엇보다도 ─ 의미 없다고 느끼는 것 ─ 입니다. 인생에서 큰 어려움들을 겪었을 때조차도, 그것을 의미 있는 경험으로 볼 수 있기에 나는 그것을 다룰 수 있었고 견딜 수 있었습니다. 그리고 행복감마저 느낄 수 있습니다. 힘든 상황을 극복할 때 마다 행복감을 느꼈습니다.

'아, 난 해냈다. 그 상황을 잘 다루었어. 이번 경험을 통해서 또 배웠고 성장했다.'

힘든 역경을 헤쳐 나왔을 때 마다 성장했음을 느꼈습니다. 나이에 비해 많은 세월을 살았습니다. 나이는 50살이지만, 정신연령은 그보다 훨씬 더 많다는 것을 느낍니다. 하나의 힘든 상황을 겪고 나면 10년 이상 성장했음을 느꼈고, 또 다른 역경 후에는 10년 더 성장했음을 느꼈습니다. 이것은 나뿐만 아니라 많은 사람들이 그렇게 느낍니다. 친구들과 이야기를 나누었을 때, 같은 경험을 얘기했습니다. 그들도 역시 어려운 상황을 겪을 때마다 최선을 다해 역경을 지나왔고 성장했음을 느꼈습니다. 어떤 사람은 일찍 성장합니다. 비록 십 대나 이십 대일지라도, 어른처럼 생각하고 어른처럼 느낍니다. 정신적인 성장은 살아온 햇수가 아니고, 삶을 살아가는 방식에 있습니다.

이것에 대해 생각해 보길 당부하고 싶습니다. 성장하길 원한다면 사띠, 마음을 챙기면서 올바른 일을 하기 위해 최선을 다하십시오. 즉시 반응해서 화내지 마십시오. 경험으로부터 무언가를 배우십시오. 그러면 성장함을 느낄 것이며, 행복하고 만족스러울 것입니다. 힘든 고통 속에서조차 당신은 만족을 느낄 수 있습니다.

모든 고통을 피할 수는 없습니다. 불가능합니다. 그러나 고통을 의미 있게 만들 수 있습니다. 고통을 의미 있게 만드는 것, 이것은 매우 중요합니다. 고통을 의미 있게 여길 때 만족감을 느낍니다. 비록 고통스럽다 해도 고통속에서 만족을 느낍니다. 심지어 고통에 대해 행복해합니다. 인간의 마음은 흥미롭습니다. 고통스럽다 해도 행복을 느낍니다. 수행자는 고통을 행복하게 헤쳐 나갑니다. 그것이 불교 수행 중 최고의 것입니다. 수행자는 고통을 받아들이고 배우고 겪어 나갑니다.

우리가 이곳에 있는 것은 배우기 위해서지 감각적 쾌락을 즐기기 위해서가 아닙니다. 요즈음, 특히 서구사회에서는 이 감각적인 즐거움을 삶의 주된 목적으로 여기게 만듭니다. 그들이 불행한 이유입니다. 쾌락을 삶의 목적으로 여긴다면, 불행해질 것입니다. 하지만, 삶의 목적을 배움에 둔다면 행복과 만족을 발견하게 될 것입니다.

우리는 배우기 위해 존재합니다. 자신을 인생이라는 크고 넓은 대학의 학생이라고 생각하십시오. '인생 대학의 학생.'

교과 과정은 살고 있는 세계와 접촉하는 모든 관계입니다. 그것이 수업입니다. 당신이 살고 있는 세계와 접촉하는 모든 관계가 공부입니다. 태어나서부터 마지막까지 전 생애에 걸친 모든 경험은 배워야 할 귀중한 수업입니다. 당신이 있는 어디든 그곳이 교육의 장입니다. 할 수 있는 한 자신과 자신과 관계 맺고 있는 세상에 대해 모든 것을 배우십시오. 자신에 대해 배우는 것, 그것이 교육입니다. 학교에서 지식을 배우고 있지만 자신에 대해서는 충분히 알지 못합니다. 대부분의 사람들은 사람들에 대해 알지 못합니다. 오해로 가득 차 있습니다.

부모와 자식이 서로를 이해하지 못하고 남편과 아내가 서로를 이해하지 못합니다. 친구들, 동료가 서로를 이해하지 못합니다. 그래서 거리를 둡니다.

인간 존재들은 지능이 높습니다. 하지만 지능을 최선의 방식으로 사용하지 않고 있습니다. 현대인은 길을 잃었습니다. 그렇게 하고 있는 것이 누구입니까? 돈이 목적인 삶을 사는 사람들은 사람들이 더욱 더 많은 감각적인 쾌락을 느끼도록 하는 상품을 만들기 위해서 노력합니다. 우리의 마음에 대한 이해는 없습니다. 사람과 사람들, 인간 관계에 깊은 이해는 없습니다.

자식은 부모를 모르고 부모는 자식을 이해하지 못합니다. 아내는 남편을, 남편은 아내를 이해하지 못합니다. 진정한 이해가 없습니다. 인생이 행복할 수 있겠습니까? 현대인들은 서로 사랑을 느끼지 못합니다.

우리는 서로 주기도 하지만, 받기를 기대합니다. 그러나 받기 위해 주는 것은 주는 것이 아닙니다. 거래입니다. 물물교환의 다른 방식이죠.

당신은 '인생'이라는 학교에 등록되었습니다. 일방적입니다. 이곳에는 교실도 없고, 교과서도 없습니다. 모든 삶이 교수이고 수업입니다. 우리 모두는 인생, 삶이라는 학교에서 날마다 공부 할 기회를 갖게 됩니다.

이따금 고통스럽고 끔찍한 수업을 받게 되면, 이렇게 생각합니다.

　　'뭔가 잘못됐어. 내가 뭘 잘못했지?'

우리는 배우고, 배운 것을 잊어버립니다. 배운 것을 잊어버리고 같은 실수를 반복합니다. 그러나 실수하지 않을 때까지 수업은 반복될 것입니다. 당신은 그 수업을 좋아할 수도 있고, 무관심하거나 싫어할 수도 있습니다. 그러나 노력하십시오. 수업에 흥미를 갖는다면, 더 많은 것을 배우게 됩니다. 당신이 배우지 못하는 것은 저항이 있기 때문입니다. 저항감을 내려놓고 배우려고 한다면 많은 것을 배울 수 있습니다.

당신이 배우려고 할 때, 배울 수 있습니다. 누구도 당신을 가르칠 수 없습니다. 사람들은 내게 배우기 위해, 가르침을 받기 위해 옵니다. 그러나 나는 가르칠 수 없습니다. 당신이 진정으로 배우려고 한다면, 배울 것입니다. 나는 그런 당신을 도울 수 있을 뿐입니다.

당신의 삶에서 무슨 일이 일어나든지 그것을 의미 없다고 생각하지 마십시오. 모든 것은 의미를 갖습니다. 미소, 몸짓 하나도 모두 의미가 있습니다.

나는 실수를 통해 배웠습니다

실패는 없다.

인생은 모든 것이 수업입니다. 어떤 일이 일어났을 때, 일어나지 않아야 할 일이라거나 실수라고 생각하지 마십시오. 무슨 일이 일어나던 이유가 있고, 충분한 원인이 있습니다. 그것이 어떤 일이 생겨나는 이유입니다. 원인 없이는 어떤 것도 일어날 수 없습니다. 무슨 일이 일어나던지 그것이 일어났을 때 그것으로부터 무엇인가를 배우십시요.

성장은 시도와 실수의 진행과정입니다. 이것은 진실입니다. 우리는 실수를 하고 또 시도합니다. 모든 것은 변하고 있습니다. 누구도 진정으로 무엇을 해야 한다고 정확히 말해줄 수 없습니다. 하지만 붓다의 가르침과 지침을 줄 수는 있습니다. 붓다의 지침은 아주 훌륭합니다. 그러나 삶에는 어떤 안내도 받지 못하는 상황들이 있습니다. 그럴 때면 정말 무엇을 해야 할지 모릅니다. 그럴수록 할 수 있는 최선을 다하십시오. 최선을 다했지만 좋은 결과를 가져오지 못했다면 행동하는 방식,

태도, 말, 습성을 바꾸도록 하십시오. 배우기 위해 노력하고 다시 시도하십시오.

인생은 실험에 실험을 거듭하는 경험의 연속이고, 죽는 순간까지 계속됩니다. 이 경험은 결코 끝나지 않습니다. 윤회의 세계(Samsara) 전체는 실험의 장입니다. 당신이 삶을 이렇게 바라본다면, 더욱 흥미를 갖게 됩니다.

'나는 배우고 있어. 나는 변화하고 성장할거야.'

성장은 시도와 실수의 과정이며, 실험입니다. 경험하지 않는 사람은 성장하지 못합니다. 실수를 저지르고 바로잡지 못하면 성장하지 못합니다. 사람들은 실수를 합니다. 그러나 자신의 잘못을 고치지 않습니다. 그래서 같은 실수를 되풀이합니다. 그렇기에 성장하지 못합니다. 당신이 실수할 때 마다 바로잡으면 성장할 것입니다. 이것은 인생에서 행복한 일이며, 배우고, 성장하고 있음을 알게 되고, 더욱 더 성숙하게 되며, 편안함을 느끼게 됩니다. 배울수록 더 편안함을 느끼게 됩니다.

경험은 실험의 궁극적인 과업을 이루는 과정의 일부분입니다. 어떤 일을 할 때, 잘 되길 바라고, 좋은 일이 있기를 바랍니다. 하지만 잘못되기도 합니다. 그렇지만 실패한 경험도 수업입니다. 우리는 잘못으로부터 많은 것을 배웁니다. 잘된 일 보다는 실패를 통해서 더 많은 것을 배웁니다.

나는 인생에서 많은 잘못을 했습니다.
나는 많은 실수를 저질렀고, 힘든 어려움을 겪었으며, 부모에게 고통을 주었고 나도 괴로웠습니다. 하지만 나는 잘못으로부터 배웠습니다. 실수를 인정했습니다.
　'그래, 이것은 나의 잘못이야. 내가 틀렸어.'
잘못을 하고, 자신과 다른 사람을 불행하게 만들었던 사실은 슬픕니다. 그러나 잘못으로부터 무언가를 배운다면 행복해질 것입니다.
　'내가 배웠구나!'
내가 실수하지 않을 것이라는 기대는 마십시오. 다른 사람이 실수를 했을 때 심하게 비난하지 마십시오. 그가 배울 수 있도록 도와주십시오. 자신의 잘못을 바로잡고 성장할 수 있도록 말입니다. 그것이 당신이 여기에 있는 이유입니다.

수업은 배울 때까지 반복된다.

실수로부터 배우지 못하고 같은 잘못을 다시 한다면 이번 생에서 다음 생에서도 배울 때까지 힘든 상황을 되풀이 해서 맞게 될 것입니다. 인생의 수업은 생을 거듭하며 반복됩니다. 실수를 하고도 자신을 고치지 않는다면, 반복해서 어려운 상황을 맞게 됩니다.

수업은 당신이 배울 때까지 여러 형태로 진행될 것입니다 당신이 어려운 상황에 놓이더라도 다른 사람들을 비난하지 마십시요.

사람들은 이렇게 말합니다.

"나는 왜 항상 하는 일마다 잘못되는 거야. 사람들이 너무 불친절해. 그들은 언제나 속이려 하고 비판적이고, 나쁘게 대해."

그렇게 불평을 합니다. 그러나 그 사실을 깊이 들여다보면 잘못된 태도를 갖고 있을 것입니다. 사람들은 자신을 이해하지 못하고 있으며, 타인들을 배려하지 않습니다. 그것이 삶에서 수많은 어려움들을 겪고 있는 이유입니다.

나는 그런 사람을 알고 있습니다. 그들을 도와주려 했지만 어렵습니다. 자신들에게 변화가 필요하다는 사실을 인정하지 않기 때문입니다. 상대가 변하길 기대하고 있습니다. 부모, 형제, 남편, 아내가 변해야 한다고 하는데 자신은 아닙니다.

수업은 배울 때까지 다양한 형태로 제시됩니다. 하나를 배워야 다음 진도를 나갈 수 있습니다. 하나의 과정을 마쳤다고 해서 끝나는 것이 아닙니다. 또 다른 수업이 준비되어 있습니다. 그것은 더 깊이 있고, 보다 의미심장한 수업입니다. 실패는 좋은 수업입니다. 더 많이 배울수록 더 깊은 삶의 의미를 깨닫게 되고 지혜가 계발됩니다. 나는 탐욕과 화, 자만으로부터 배웠습니다. 자만심으로 행동한 것은 상처가 됩니다. 자신을 해치는 것은 다른 무엇이 아닙니다. 자신의 태도가 자신을 해칩니다. 자신 탓입니다. 그 무엇보다도 탐욕, 화, 자만심이 자신을 가장 크게 해칩니다.

66 나는 나의 죽음으로부터 배우고 싶습니다 **99**

나는 내 삶이 끝나는 마지막 순간까지 배우길 원합니다

배움의 과정은 끝나지 않는다.

배움이 없는 삶은 없습니다. 지금 이 순간에도 배워야 할 것이 있습니다. 젊어서 배워야 할 것이 있고 나이가 들면서 배울 것이 많아집니다. 죽는 순간에도 배울 무언가가 있습니다. 나는 삶이 끝나는 마지막 순간까지 배우기를 열망합니다. 죽기 직전의 경험으로부터 배우기를 원합니다. 배움을 포함하지 않은 삶의 부분은 없습니다. 살아있는 한, 배워야 할 수업이 있습니다.

'나는 많이 배웠어. 나는 아주 많이 알고 있어. 다 컸어!'라고 생각치 마십시오. 나이를 먹었던, 많이 배웠던 간에, 여전히 배울 것이 있습니다.

좋은 아침입니다.
지금 내가 하고 있는 일이
나를 위해 해야 할 가장 중요한 일입니다.
이 순간이 가장 중요한 시간입니다.

여기보다 더 나은 곳은 없다.

우리는 미래를 기대합니다. 몸은 이곳에 있지만 마음은 지금 여기에 없습니다. 마음은 항상 과거나 미래에 있습니다. 마음은 미래를 생각하고 과거의 일을 생각합니다. 그러나 현재―지금 여기―에는 많은 일들이 일어납니다. 배워야 할 것들이 여기에 있습니다. 바로 지금 여기가 최상의 시간입니다.

톨스토이의 책을 읽은 적이 있습니다. 왕이 사람들에게 질문을 합니다.

"세상에서 가장 중요한 사람은 누구이며, 가장 중요한 시간은 언제입니까? 해야 할 가장 중요한 일은 무엇입니까?"

사람들이 답변을 했지만 왕은 만족하지 못했습니다. 어느 날, 왕이 공원에서 쉬고 있는데, 누군가 달려오더니 그 앞에 쓰러졌습니다. 부상을 입고 있었습니다. 왕은 즉시 붕대를 감아 피를 멎게 해주었습니다. 그리고 잠시 후 군인들이 달려와서 왕에게 말했습니다.

"이 자는 왕을 죽이려고 했습니다. 그는 적입니다. 그는 왕을 죽이기 위해 이곳에 온 것입니다."

왕을 해치러 온 사람이 군인들에게 발견되어 상처를 입고 도망 온 것이었습니다. 바로 그 순간 왕의 곁에 있던 왕의 조언자 지혜로운 성자는 말했습니다.

"지금 답변을 드리겠습니다. 지금 이 순간 가장 중요한 사람은 상처입은 사람입니다. 가장 중요한 시간은 바로 지금이고, 지금 가장 중요한 일은 상처입은 사람을 치료해주는 것입니다."

지금 여기 있는 모두가 가장 중요한 사람입니다. 지금 내가 하는 일이 나를 위해 중요한 일입니다. 지금 이 순간이 가장 중요한 시간입니다.

미래와 과거에 대해 너무 생각하지 마십시요. 과거의 경험으로부터 미래를 계획하십시요. 지금 이 순간, 자신에게 이로운 일을 하십시요. 그러면 미래는 행복할 것입니다. 여기보다 더 나은 저 곳은 없습니다. 당신이 다른 곳으로 가면, 그곳은 이곳이 됩니다. 다시 다른 곳으로 가면 그곳이 여기가 됩니다. 그리고 다시 반복될 것입니다. 여기보다 더 나은 것을 바라보는 일이 우리가 평생 동안 하고 있는 일입니다.

'미래에는 더 나아질 거야.'

언제나—미래에는—입니다. 남의 떡이 더 커 보입니다.

지금 할 수 있는 일에 최선을 다하십시오.

그것을 즐기고 사랑하십시오.

다른 사람들은 당신의 거울과 같다.

그들은 당신을 비춥니다.

사람들은 말합니다.

"사람들이 불친절 해."

그것은 다른 사람이라는 거울에 자신을 비춰 본 모습입니다.

"사람들은 이기적이야."

지금 자신을 비치고 있습니다. 자기의 투영입니다.

나는 어디서나 친절한 사람들을 만납니다. 그들은 친절하고 도움을 줍니다. 너무 도와주려 해서 부담이 되기도 합니다. 그들은 친절을 베풀고 싶어합니다. 도움을 받을 만한 가치가 있을 때 도움을 받습니다. 그렇게 되도록 당신이 해야 할 일입니다. 사랑받을 가치, 친절과 도움을 받을 가치가 있는 사람이 되는 것 말입니다. 가치가 있는 만큼 얻게 됩니다. 인생에서 원하는 것을 얻지 못해도 누구도 비난하지 마십시오.

당신이 얻지 못한 것은 아직 그것을 가질 수 있는 가치가 없기 때문입니다. 이것은 진실입니다. 자신이 사랑하거나 미워하는 것을 비치지 않는다면 사랑하거나 미워할 수 없습니다. 탐욕스러운 사람은 사람들이 탐욕스럽다고 생각합니다. 이기적인 사람은 사람들은 이기적이라고 생각합니다. 자만심이 강한 사람은 다른 사람들을 자만심이 강하다고 생각합니다.

다른 사람에게 미워하는 감정이 일어나면 그것을 보십시요. 그것이 당신의 모습일 것입니다. 이것이 세상이 존재하는 방식입니다.

어떤 인생을 만들지는 당신에게 달려있다.

이것은 당신이 더 나은 인생을 살 수 있는 통제력과 자유를 가지고 있다는 것을 의미합니다. 완전하진 않지만 인생의 격을 높일 수 있는 무언가를 할 수 있습니다, 바로 지금 말입니다. 지금 자신을 더 나은 사람으로 만들 할 수 있습니다. 생각을 바꾸십시오. 친절한 생각, 사랑의 마음을 가지면 됩니다. 그 즉시 다른 사람이 됩니다. 미래에 인생은 자신에게 달려있습니다.

당신은 필요한 것을 갖고 있습니다. 사람들은 더 나은 미래를 원하면서 이 수단들을 얻을 때까지 기다리고 있습니다. 그러나 이미 그것을 갖고 있습니다. 지금 미소 지으십시오. 다른 사람에게 진정으로 온 마음을 다해서 말입니다. 그것이 당신의 마음을 더 좋게 할 것입니다. 다른 사람들의 마음을 기쁘게 할 것입니다. 나는 아침에 산책을 하면서 누군가와 마주치면 미소지으며 "안녕하세요? 좋은 아침입니다."하고 말합니다. 그러면 열 명 중 아홉 명은 인사에 답을 합니다. 때로는 그들이 먼저 인사를 건넵니다.

"안녕하세요? 좋은 아침입니다!"

사람들은 친절합니다. 그들과 어떻게 지낼 것인지 선택이 자신에게 있습니다. 지금 생각을 바꿔서 할 수 있는 일을 한다면, 다른 세상이 열립니다.

다리가 없는 사람에 관한 책을 읽었습니다. 그는 휠체어에서 생활하고 교육을 받지 못했습니다. 그는 어릴 적부터 갱이었습니다. 어느 날 총을 맞았고, 부상당했습니다. 그 일이 있은 후부터, 사람들을 사랑하기 시작했습니다. 점점 더 친절한 사람이 되었고, 사람들에게 웃음과 용기를 주었습니다. 그는 더 나은 사람이 된 것입니다. 그는 갱이었지만 다른 사람이 되었고 한 나라의 대통령이 될 순 없었지만, 자신을 위해 다른 사람들을 위해 좋은 일을 할 수 있었습니다.

> ❝　우리는 정말로 우리가 믿어야 할 만큼 ❞
>
> 우리 자신을 믿고 있지 않습니다

당신의 답은 당신 안에 놓여 있다.

이것은 정말 중요한 것입니다. 우리는 책에서 또는 다른 것에서 문제에 대한 답을 찾고 있습니다. 책에서 배우고, 다른 무엇으로부터 배우는 것은 중요하지만 더 중요한 일은 내면을 깊이 들여다보는 일입니다. 그 것이 수행입니다. 사람들이 스승을 찾아와서 많은 질문들을 했는데 항상 이렇게 말해주었습니다.

"더욱 더 마음챙김을 해서 자신의 내면을 깊이 들여다보면 스스로 답을 찾게 될 것이다."

스승은 단순한 농담을 하는 것이 아니었습니다.

이것은 진실입니다. 무엇을 배우던 자신의 마음으로부터 깊이 배울 수 있습니다. 책을 통해 다른 사람으로부터 배울 수 있지만 그것은 지식이 지 지혜가 아닙니다.

그 지식에 기초해서 자신의 내면을 깊이 성찰하십시오. 그러면 지혜를 발견할 수 있습니다. 이것은 진실입니다.

당신의 답은 당신 안에 놓여 있다.

이것을 확신하십시오. 답은 자신 안에 있고 깊은 평화와 지혜도 있습니다. 인생의 모든 문제의 답은 자신 안에 놓여 있습니다. 당신이 해야 할 일은ー보고, 귀 기울이고, 확신하는 것ー입니다.

우리는 자신을 믿지 않습니다. 그렇기 때문에 더욱 깊이 보아야 합니다. 자신을 신뢰하세요.

자기가 자신을 생각하는 것보다 더 현명합니다. 반면에 바보스러운 것 또한 사실입니다. 우리는 어떤 면에서 어리석고 또한 현명합니다. 자신에게 있는 그 현명한 부분과 접촉하면 더욱 더 현명하게 될 것입니다. 진심으로 배우려고 한다면 무엇이 옳고, 무엇이 잘못됐는지를 마음이 말해 줄 것입니다. 무엇이 당신을 고통스럽게 하는지, 무엇이 행복하게 만드는 지, 무엇이 평화롭게 만드는지를 말입니다.

당신이 수행을 하고 있다면 몸과 마음에게 배울 것입니다. 몸과 마음은 민감합니다. 하나의 좋지 않은 생각을 할 때 그 생각이 자신을 해치고 있는 것을 알 수 있습니다. 하나의 생각이 해를 입힙니다. 지혜롭다면 심장으로부터도 배울 수 있습니다. 어떤 생각만으로도 심장이 더욱 빨리 뛰고 피가 급히 돌아갑니다.

"그 사람을 죽이고 싶어!"

그런 마음이 들 때는 자신의 몸에 귀기울여 보십시오. 몸이 당신에게 속삭일 것입니다.

"그건 옳지 않아. 그러지 마, 너무 고통스러워!"

몸과 마음을 더욱 사띠하십시오. 몸과 마음은 아주 민감한 악기입니다. 몸과 마음은 아주 가벼운 생각과 감정의 변화들도 말해 주고 있습니다. 생각은 감정을 동반합니다. 감정은 몸과 마음에 영향을 미칩니다. 당신이 사띠하고 있다면 생각과 감정이 몸과 마음에 어떻게 영향을 미치는지 깨닫게 될 것입니다. 볼 때, 느낄 때, 생각할 때, 먹을 때 몸과 마음에 영향을 미칩니다. 사띠를 지속하면 잘못하고 있을 때는 "이건 잘못됐어.", 잘하고 있으면 "이건 옳은 일이야."라고 몸과 마음이 말할 것입니다. 내면에서 흐르는 소리 그 지침을 따른다면 당신은 행복할 수 있습니다. 자신의 몸과 마음을 확신하십시오.

당신은 이것을 잊을 것이다.

이제 마지막입니다. 가장 심오한 내용이지만, 가장 위험한 것이기도 합니다.

지금까지 말한 것을 잊는다면 어떤 일이 생길까요?

인생이 힘들고 위험에 처할 것입니다.

잊지 마십시요.

이제 만남을 마칠 시간입니다.

내가 알고 있는 것을 나눌 수 있는 기회를 가질 수 있어서 기쁩니다. 무언가 배움이 있었고 기억하시길 바랍니다. 삶에서 실천하십시오.

우리는 정말로 우리가 믿어야 할 만큼
우리 자신을 믿고 있지 않습니다

당신의 답은
당신 안에 놓여 있습니다.

이 글을 만나 번역하게 된 인연에 감사합니다.

우 조티카 스님은 지난 2002년 5월 한 달간 우리나라에 머무시면서 우리에게 담마의 보따리를 펼쳐놓고 미얀마로 가셨습니다.. 짧은 기간이었지만 손짓 하나, 말 한마디가 진정한 수행자의 그것이었음을 곁에서 지켜볼 수 있었습니다.

이 글은 우 조티카 스님의 자비력을 잊지 못하여 미얀마에 가셨던 연방죽선원 법주 스님의 손에 들려 우리나라에 들여오게 되었습니다. 역시 스님의 환한 얼굴을 잊지 못하는 옮긴이가 이를 일독한 후, 그 보석 같은 말을 차마 혼자 음미하기 아까워 번역하게 되었습니다.

옮긴이는 고타마 붓다의 가르침을 따라 명상을 시작한 초심자일 뿐, 이를 자신의 말로 풀어놓을 만한 능력이 없습니다.

다만 진지하게 담마의 길을 가는 구도의 심정으로 분주한 생활 중에 매일 조금씩 스님의 말씀을 번역한 것이 이제 한 권의 책이 되었습니다.

그간의 번역작업은 진흙 속에서 진주를 캐내는 일처럼 고단하면서도 행복했습니다. 그 진주는 고타마 붓다가 말씀하신 '처음도 좋고, 중간도 좋고, 나중도 좋은' 것임을 다시 한번 확인할 수 있었습니다.

이제 우 조티카 스님의 말씀을 통하여 고타마 붓다가 발견하신 진리에 가까이 가게 됨을 한없이 기쁘고 고맙게 생각합니다.

스님의 말씀은 실행이 함께 할 때 그 깊은 뜻이 완전히 이해될 수 있기에 독자들에게 이 책에서 제시된 삶의 방식대로 살아볼 것을 감히 권유하고 싶습니다.

끝으로 우 조티카 스님의 말씀을 인용하는 것으로 옮긴이의 마음을 전합니다.

"길은 보여주는 것으로 충분하다.
그 길을 걷는 것은 온전히 당신에게 달려 있다."

최순용

사띠(Sati) 하십시오

우 조티카 사야도 초상 © 조재익

붓다의
무릎에
앉아

2003년 1월 10일 1판 1쇄 펴냄
2017년 10월 9일 개정신판 1쇄 펴냄

지은이 우 조티카 사야도
옮긴이 최순용
감수자 법주 스님
펴낸이 김철종
책임편집 김성은
디자인 노승우
마케팅 오영일
인쇄제작 정민문화사

펴낸곳 한언
출판등록 1983년 9월 30일 제1 - 128호
주소 03146 서울시 종로구 삼일대로 453(경운동) KAFFE빌딩 2층
전화번호 02)701 - 6911 **팩스번호** 02)701 - 4449
전자우편 haneon@haneon.com **홈페이지** www.haneon.com

ISBN 978-89-5596-818-7 03220

이 도서의 국립중앙도서관 출판예정도서목록(CIP)은
서지정보유통지원시스템 홈페이지(http://seoji.nl.go.kr)와 국가자료공동목록시스템
(http://www.nl.go.kr/kolisnet)에서 이용하실 수 있습니다.(CIP제어번호: CIP2017025587)